会写作的大脑 2
怪物大碰撞

[美] 邦妮 · 纽鲍尔（Bonnie Neubauer）◎著
唐奇 编译

（修订版）

THE Write-Brain Workbook
Revised & Expanded 2

中国人民大学出版社
·北 京·

“创意写作书系”顾问委员会

感谢Gil，我的宝贝，永远爱你。

推荐序

开始写作时，你经常要思考和处理棘手的问题。当然，如何写出完美的场景、抓人的对话，或者成功塑造精彩的人物，答案就藏在你心里，只要你足够集中精力就能找到。不过遗憾的是，当我们在写作中卡壳时，老办法常常让我们陷入沮丧。

幸好，无论你是在写作中卡壳还是感到厌倦，《会写作的大脑》都是突破写作瓶颈的完美解药。这套书提供了400个异想天开的探究式创意写作练习。当我开始做这些练习时，我正好有一本小说的创作陷入停滞。当我卡壳时，我经常质疑自己写作技能的方方面面：我写不出小说，是因为我不够好，我懒惰，我缺少灵感。但是当我允许自己享受游戏的乐趣，我的写作引擎又开始运转了。

《会写作的大脑》不需要你呕心沥血。这些包罗万象的练习，就像是在跟感官和智慧玩游戏，在做练习的过程中，相信你会跟我一样，常常忍俊不禁，一身轻松，沉浸在故事创作中。邦妮·纽鲍尔的练习唤醒了写作的魔力，而很多时候这种魔力在日复一日的生活中消失了。

我们中许多人都是习惯的奴隶，因为我们不知道还有别的方法。但是这本书能帮助你恢复创造力，从头到脚焕然一新。每一页都鼓励你用不同的方法去写作。无论你是在不同的形状中写作、尝试全新的比喻，还是用回忆中的零星片段创作故事，纽鲍尔都提供了你自己可能意想不到的灵感。每一页都让人心痒难耐。

巧妙的双关语和新鲜的比喻能够激活在平时的写作中你大脑中不活跃的部分，你会感觉焕然一新，（以有趣的方式）直面写作中令人兴奋的挑战。我们经常把灵感看得过于重要，仿佛它像闪电一样强大而稀有。这些练习将摈弃这种观念，唤醒令人惊喜的素材储备，它们一直都在那儿，等待着被发掘，只不过你没有意识到。

而且，这本书的视觉效果令人赏心悦目：鲜明的色彩和形状、并置的诗歌和乐曲，能够同时对你大脑的两个半球产生刺激。

这本书提醒我们，有时候最认真地对待写作的方式正是别那么认真。相反，我们需要冒险涉足那些不熟悉的路线和区域，把创造力从藏身之地找出来。

我打赌，你只要尝试一个星期《会写作的大脑》中的练习，就不会再像从前一样写作。继续重复自我是不可能的。

你还在等什么？来吧！

乔丹·罗森菲尔德

中文版序

欢迎打开《会写作的大脑》!

我叫邦妮·纽鲍尔，先让我通过一个故事来介绍一下自己：当我年轻时，我挺恨写作的。一说要写作文，我总是会尽可能拖到最后一分钟，还经常为此哭鼻子，因为我实在不知道要写什么。我的脑袋空空如也，活像个灌满了空气的气球。如果我真的是个气球，我大概会选择飞走，那样就不用写作文了。可惜我是个按时交作业而且成绩优秀的好学生，因此，我只能咬着牙应付交差，每次写完作文都感觉如释重负。

我对写作的厌烦一直延续到了大学期间，让我们快进十几年，直到有一个星期，我去替邻居看家。我负责照管的植物就放在书架顶上。浇水时，我无意间扫了一眼书架上的书名。这么抽出一本书来看，似乎有点像偷窥，但是我太好奇了。这其中最吸引我的，是关于创意写作的书。我坐在地板上开始阅读。其中有一本书，在每章末尾都有一个写作练习，这些练习很有趣，让人迫不及待地想要回家一试身手，于是，我就放下喷壶走掉了。(别担心，我先浇完了花。)

从那天起，写作带给了我巨大的快乐。从感谢卡、桌游规则到书籍，我满怀热情、全心全意地写作每一样东西。我还开办了数百次写作训练营，让各个年龄段的人围坐在一起，一起写作和分享。这本书就包含了来自这些训练营的练习中的精华。

那么，在我浇花的那个决定命运的下午，究竟发生了什么？这也会发生在你身上吗？

起初，我认为那本书的作者只是让写作看起来很有趣，从而吸引我去尝试。多年以后，我开始发现事情远没有这么简单。让写作变得有趣的第一步是创造一种不加评判的轻松氛围。我希望《会写作的大脑》做到了，你觉得呢？

你会发现，本书开头给出的规则将使你忘记语法和标点，如果你愿意，违反这些规则也没关系。《会写作的大脑》正是用这种方法邀请你参与这次冒险之旅的。

必须有一个自由的环境，让你抛开条条框框。正如我的一个作家朋友所说，刚开始动笔的时候不妨告诉自己："这是练习，不是杰作。"每当我发现自己为最终结果而担忧时，这句话就像咒语一样在我耳边回响，提醒我回到文字游戏中。我希望这种说法也能在你最需要的时候帮助你。

最后一步是这本书的真正任务：邀请你加入我的游戏，让你享受过程、磨练技巧、练习用文字填满页面。通过这本书起步很容易，因为你不会从空白页开始。空白页提供了太多的可能性，也常常因此扼杀了所有可能性。无论哪种情况都令人望而生畏。在《会写作的大脑》中，通常至少会给你一个开头，指明方向，帮助你开始。在许多练习中，你要回答问题、填空或者从个性化的选项中进行选择。

让写作变得有趣的一个重要因素是找到意想不到的主题。大多数人不会早上醒来就想："今天我要在一个风筝形状的方框里写一个故事"或者"今天下午我要用一个合唱队领唱的视角写作"。通过给你以前没有想到过的提示，你的写作会焕然一新，会有很多灵感争先恐后地涌出来，跳到纸面上。不会有任何预设和期待来妨碍你。

定一个十分钟的闹钟，不间断地写作，是绕过你内心的批评家的最好方法。我唯一强调的规则就是不要停笔，直到你写满一整页或者设定的时间到了。

在游戏中，你会从不同的视角写作（超级英雄、卡车司机），用不同的声音说话（嘶哑的长颈鹿、某地的方言），体验不同的情绪（惊吓、欣喜），去往不同的地方（2121年，美国艾奥瓦州的一个农场），试验和探索不同类型的写作。你就像走进了一间魔幻试衣间——前一刻你刚戴上一顶牛仔帽，下一刻就变成了一架摄影机，然后马上又在跟人比赛大眼瞪小眼。

尝试新点子和新技术会让你成为冒险家，勇敢地走入未知的领域。当你面对未知，好奇心达到顶峰，文字就会自然而然地从心中流淌出来。你会真正置身于让写作变得有趣的环境中。

为了帮助你进一步精进技艺，所有的练习都在同一页上提供了一个额外的迷你提示，叫做"下一步"。它们将帮助你发现一天中什么时候最适合写作、你的偏好是不是从个人回忆中寻找素材、限时写作是不是你的菜、取个笔名能不能给你自由，或者你喜欢以何种视角来写作。

为了保持惯性，我建议每天至少做一个练习。悄悄告诉你一个小秘密，只要你定期练习，你的写作就真的会进步。很神奇吧？你很快会意识到，不必等到缪斯女神出现在你身旁再开始写作。只要经常写作，你会发现缪斯女神无时无刻不在你身边，等着你坐下来，拿起笔。

这本书有几种使用方法。你可以从头开始，按顺序进行，就像你在纸上写作时一样。如果你选择这种方法，练习的顺序能够保证你不会重复遇到相同的类型。这是因为，如果某个类型的练习不对你的胃口，你可能会失去兴趣，停止写作。这是我们最不愿意发生的事。

另一种方法是随便翻开一页，给自己一点惊喜。如果你是个视觉动物，可以把书翻开，让插图指引你找到最吸引你的一页。但是请不要提前阅读练习的内容然后挑挑拣拣。这会让你误入判断的歧途，扼杀自发性。

经常有人问我是怎样设计这些练习的。在很长一段时间里我都是这样回答的："只是偶然间想到的。"但是后来，一个朋友无意中看到了《会写作的大脑》第一版，兴奋地给我发来电子邮件，并告诉我他非常高兴通过这些练习了解到我的生活经历。那一刻我才意识到，创意公式的确是存在的。那就是1+1=3。（小心，别让你的数学老师知道我是这么说的！）意思是，我把两种不同的经历、喜好或选择（1+1）加在一起，一件新东西就出现了。这第三件东西就是练习。

这本书中的练习可以在许多方面帮助你：如果你有作文作业却不知道要写什么或者从哪里开始（我曾经就是这样），这本书能帮你迅速解决问题。如果你已经爱上写作，想要尝试某些新创意、新方法，这本书能为你增添活力。如果你认为已经发现了创意写作的乐趣，但是还在犹豫要不要开始，别担心，这本书会给你鼓励。如果你感觉遇到了瓶颈，每天做几个练习，到第三天你就能找回写作的感觉。如果你是一名教师，需要为课堂和家庭作业找点灵感，这本书中的练习方便又有趣，学生们都会喜欢的。

无论是什么机缘让你找到了这本书，我都希望它能点燃你灵感的火花，让你享受练习带来的乐趣，就像我为你创造它们时一样。

引言

朋友们，你们好！我是邦妮·纽鲍尔，欢迎打开《会写作的大脑》。这本书跟其他的创意写作书籍不同，你不必花时间阅读关于写作的知识。相反，你将直接投入写作。跟着这本书，你只需要一支笔和每天10分钟，就可以在家加入这个写作训练营了。

这本书里的所有练习都是为了让你开始写作并坚持下去而设计的，因为你写得越多，就写得越好。随着大量的练习，你会看到自己的进步。我向你保证，整个过程中你不会遇到可怕的空白页——每个练习都给了你一些素材：一段开头、一个结束句、一系列要使用的词汇、一个通过填空塑造的人物……

当你翻阅这本书，你会注意到每一页上都有赏心悦目的色彩和图案。这要归功于（美国）作家文摘出版社了不起的设计团队。我要特别感谢他们，因为在艺术方面，我只会画粗略的简笔画。

如果你想知道这本书是为谁准备的，好吧，它完全适用于9~16岁的青少年，只要你愿意尝试写作。不管你是一提起笔写作文就头疼的“写作恐惧症患者”，还是想进一步提升自己写作能力的大朋友，你都会发现这本书令人大开眼界。如果你刚好遇到了写作卡壳的状况，这本书中的练习也是理想的解药，它们能让你抛弃先入为主的观念，鼓励你写出意料之外的主题。这些练习也是你投入“真正的”作品之前的完美热身。如果你有写日记的习惯，你会感觉非常适应，因为许多练习用的都是个人经历。如果你是个创意写作训练营的粉丝，你再也不用等待下次训练营了。你可以自己在家做练习、度假时做练习，甚至创建你自己的写作小组，跟朋友们一起做练习。加上一点编辑和润色，你可以把很多练习的成果变成故事、诗歌、文章，甚至长篇小说，向出版社投稿。

你会注意到每一页上都有叫作“下一步”的附加练习。这些练习能帮助你更加了解自己的作品，探索自己的写作过程。这些简单的指导可以直接用在你的其他作品中。

有些页面上有这个符号：。表示这个练习可以重复进行。记住这些页面，以后再回过头来看。

本书每一页均标注了两种页码，内侧为中文版页码，外侧为英文原书页码，方便读者查阅。

这本书还特别适合家长和孩子一起写，如果你的孩子一提起写作就头疼，总是不知道写什么，或者怎么写都干巴巴的，无法打动人，你可以让他试试这些练习。如果一起写，你会收到不一样的效果，信不信？孩子有一颗更具创意的大脑。

这本书也经常会受到语文老师的青睐，他们适时地选用一些练习，或者每天安排固定的时间在班级内一起写，然后每周安排分享。不得了了，他们发现那些最不爱动笔的孩子也停不下来，每次分享都会笑声不断，一个个孩子变成故事大王，写作能力慢慢地提升超越。

再说最后一件事，我就放你去写作：创作这本书时我过于热情高涨，出版社不得不删减了一些练习。当他们看到我对此有多么懊恼，他们慷慨地提出为所有购买这本书的读者提供在线访问这些额外练习的途径。网址是www.writersdigest.com/write-brain-workbook-revised。

在下一页上，你会看到一些本书中练习的基本规则和指南。如果你不想遵守规则（就像我一样），那么规则就是为了让你打破的。无论怎样，是时候翻开这本书、开始写作了。

希望你享受这本书中等待你的写作大冒险。开始写吧！

邦妮·纽鲍尔

附注：特别感谢参加过我的写作训练营的朋友们，以及购买了我的创意写作书籍和故事轮盘的孩子和教师们。你们对写作的热情和投入深深地感染了我。

规则

这里是本书中练习的基本规则和指南。

· 坚持写作：这是保持写作动力的最佳方法。不要停下来，坚持写，勇往直前。如果你遇到了瓶颈，不知道接下来要写什么，重复最后一个字，直到新东西开始浮现。通常最后一个词是“然后”。那就写“然后，然后，然后……”很快你会写出“我已经厌倦然后了。我还厌倦……”然后你就可以接着写下去了。

· 不要编辑：编辑是左脑的工作，会让你失去动力——这些练习都是为了右脑设计的。不要往回看，删除或者修改文字。如果你想不出一个特定的词，画一条横线，然后接着写。最后，横线会提醒你还需要找一个词。不要担心拼写或语法（向所有的语文老师道歉），以后有的是时间做那些。只要你能读懂自己写的东西就行。

· 放飞自我：不要担心最终结果。允许自己随心所欲地写。不要限制自己。你不需要把作品给任何人看，跟你的灵感和文字自由嬉戏吧。

· 要具体：用你所有的感官来描述事物。用嗅觉描述一台电脑，用味觉描述一辆出租车。要让读者记得你的作品，最好的办法就是具体：不要写“玩具”，要写“少了一条胳膊的蝙蝠侠玩偶”。如果你发现当你试图写得具体时，你内心的编辑出来捣乱了，立刻放弃这条规则。

· 当你写作时，感觉骄傲：这些写作练习的目标就是写满一整页。当你这样做时，让自己为这项成就感到骄傲。享受这种感觉，并且带着这种势头尽快再次投入写作。不要否定你的作品，或者拿它与其他人的作品相比。否定和比较会扼杀动力，是前进道路上的拦路虎。在所有的规则中，这一条无疑是最重要的。

现在，开始练习吧……

目录

时光倒流 001
表情包对对碰 002
脑灰质 003
一路歌唱 004
小段落·一 005
我，我，我 006
快乐成语 007
暑假记事 008
腐烂的食物 009
伤痕累累 010
CHAO 011
边走边唱 012
车牌号·一 013
不想要的东西 014
凝视游戏 015
漆黑的暴风雨之夜 016
从苹果到橘子 017
圆圈游戏 018
怪物大碰撞 019
化装舞会 020
弯弯曲曲 021
特色方言 022
回忆飞旋 023
陷害 024
夏令营·一 025
夏令营·二 025
海湾乐队 026
奇怪的气味 027
短信 028
评论家的角落 029
如梦似幻 030
莎士比亚 031
希腊众神 032
打结 033
两岁的淘气包 034
身陷囹圄 035
圆满结局 036
你会写俳句吗？ 037
意识流 038
充满欢乐的世界 039
十一月 040
避免灾难 041
缪斯女神 042
风味绝佳 043
找对位置 044
所有的角度 045
蛮牛 046
我就是我 047
选择，选择 048
车牌号·二 049
干一行爱一行 050
最好的座位 051
我告诉过你多少遍了！ 052
寓言·一 053
理解万岁 054
大分水岭 055
公开点名 056
单人牌戏 057
小段落·二 058
保持沉默 059
必须·不必 060
新生入学 061
门镜 062
那些日子 063
生僻词 064
礼物 065
时间隧道 066
趣味词语 067
十支钢笔 068
三位一体 069
性别大逆转·一 070
脚步轻快 071
近距离接触 072
一五一十 073
待办事项 074
你是谁 075
图形意识流 076
性别大逆转·二 077
动物本能 078
很简单，亲爱的华生 079
字谜 080
自由的小蜜蜂 081
寓言·二 082
肚皮舞舞娘的理解 083
日记的复仇 084
男孩就是男孩 085
画谜·终点站 086
惴惴不安 087
快照 088
空手去法国 089
玫瑰花开 090
垂挂的香蕉 091
近距离接触续集 092
情书 093
没有图案的明信片 094
引用不限量 095
迷人的标题 096
听着，听着·一 097
听着，听着·二 097
空洞的凝视 098
纯属虚构 099
困死了…… 100
设计者与图片版权 101
致谢 103
译后记 104
推荐语 105

时光倒流

描写你10岁时发生的一个重要事件。以第一人称来写，就好像你又一次回到那件事情发生的年龄。使用适合儿童的语言。如果其中虚构的部分多过了事实，不用担心。这样开头：

昨天……

现在描写同一件事情，不过是以成年人事后回顾的视角。如果这次故事发生了改变，不用担心，顺其自然地写。这样开头：如果时光能够倒流，回到那一天……

下一步

选出六段关于一月的回忆。把它们作为你未来写作的灵感。

表情包对对碰

本页上有十个表情符号。在每个表情符号旁边写上说明文字。例如，1号可以是：搞砸了生日派对，2号可以是：万圣节扮成布鲁斯兄弟。

1.

2.

3.

4.

5.

6.

7.

8.

9.

10.

选择一个你有共鸣的表情/场景组合。你就是这个场景中做出这副表情的人。这样开头：

我不能……

下一步

尽管不是放之四海而皆准，但是很多人相信潜意识不能理解否定。催眠师会选择安全路线，总是使用肯定的语言。在进行自我对话时，特别是与写作和写作天赋有关的对话，最好还是宁可信其有。做一个积极的表情包，用肯定的语言跟自己对话。

写完这个故事。这样开头：

这是灰色地带……

脑灰质

003/103

下一步

如果有一个由你命名的写作奖项，你会叫它什么？谁有资格获奖？多久颁发一次？评选标准是什么？在何时、何地授奖？你会选择匿名吗？

一路歌唱

仿写歌曲非常有意思。你需要做的就是在脑海中哼唱那首歌，换掉歌词。跑调也没关系（我就五音不全）。如果你遇上堵车，手边没有纸笔，这个练习正合适。找一个老歌电台，听着歌曲，构思新歌词。

从1~5中选择一个数字，找到右边对应的歌曲。这些都是供你重新创作的儿童歌曲。想一个题目，改写歌词来表现主题，注意字数和押韵。写完后，分享你的新歌。

下一步

许多人、宠物、艺术品、自然景观、商店、钢笔、计算机等，都对你现在的写作成功做出了贡献。别让"成功"这个词把你吓跑，因为通过这个练习，你就在体验一次成功。现在花几分钟写一段感谢的话，为一路上所有帮助过你的人和事物唱一首赞歌。如果你不这样做，他们永远都是无名英雄。你不希望那样，不是吗？

1. 《粉刷匠》：我是一个粉刷匠，粉刷本领强/我要把那新房子，刷得更漂亮/刷了房顶又刷墙，刷子像飞一样/哎呀我的小鼻子，变呀变了样。

2. 《小星星》：一闪一闪亮晶晶/漫天都是小星星/挂在天上放光明/好像许多小眼睛/一闪一闪亮晶晶/漫天都是小星星。

3. 《洋娃娃和小熊跳舞》：洋娃娃和小熊跳舞/跳呀跳呀，一二一/他们在跳圆圈舞呀/跳呀跳呀，一二一/小熊小熊点点头呀/点点头呀，一二一/小洋娃娃笑起来啦/笑呀笑呀，一二一。

4. 《蓝精灵之歌》：在那山的那边海的那边，有一群蓝精灵/他们活泼又聪明/他们调皮又伶俐，他们自由自在生活在那绿色的大森林/他们善良勇敢相互都欢喜。

5. 《小毛驴》：我有一只小毛驴我从来也不骑/有一天我心血来潮骑着去赶集/我手里拿着小皮鞭，我心里正得意/不知怎么哗

小段落

这是一个记录记忆碎片的机会。使用给出的开头。

我记得那次击中……

我记得那次骑马……

我记得第一次喝……

我记得那次扔……

我记得当我最好的朋友……

下一步

在写作中，通常很难找到一条线索，把所有的碎片连接起来。找出三条线索，把这五个段落组织成一篇完整的作品。深入挖掘吧。

我，我，我

每次写到“我”字出现的地方时，用上它。这样开头：

走廊……

我 我

我

我 我 我

我

我

我 我

我

我

我

我

我

我

我

我

我 我

我

我

我

我 我

我

106/006

下一步

描述你自己。但是不要用第一人称（我），而要用第二人称（你）。

快乐成语

DELIGHT

用成语开头：

我通常不喜欢快马加鞭……

用成语结束：已经无济于事了。

下一步

如果将写作与面点师制作糕点的过程相比，两者有什么不同？

下次写作时试试看。看看你的作品会有什么不同。

暑假记事

经典作业！从给定的拼音首字母开始（如果不能用作拼音首字母，使用字母本身读音对应的汉字），每行写出一件你在暑假中做过的事，发生在一个或者几个暑假都行。例如：开车穿过阿米什的乡间农场时，吃熟过头的李子，汁水流了一手。越稀奇古怪越好！

A

B

C

D

E

F

G

H

I

J

K

L

M

N

O

P

Q

R

S

T

U

V

W

X

Y

Z

下一步

就像摄影师拍摄26张照片，你写下的这26件事并不是等量齐观的。"有些暑假过得更好！"回顾你的作品，选出最棒的那个。把它圈出来。你为什么选择它？

腐烂的食物

列出你在冰箱里看到过（或者听其他人讲过他们在冰箱里看到过）的六件令人恶心的东西：

把这六件东西都写进故事里。这样开头：

每当他提起巴黎……

下一步

许多绝妙的点子是从平凡的事务中诞生的。手边随时准备纸笔，记录你在洗盘子或者开长途车时想到的好点子。（一定要靠边停车再写！）

现在就拿起纸笔，别放过任何一个写作创意！

伤痕累累

写完这个故事。这样开头：

他有一道伤疤……

下一步

我们都有情感上的创伤，妨碍我们写作想写的东西。描写你的一种创伤，就好像它是一道看得见的真正的伤痕一样。把它拟人化。这对你有帮助吗？

CHAO

把这几个词语都用上：鸟巢、嘲笑、浪潮、朝向

这样开头：

那是六十年代，或许已经是七十年代了……

下一步

这里有个小测验。满怀热情地回顾这一页上的作品，指出故事最好从哪里开始。然后给句子或段落标上序号，重新组织剩下的故事。不要留下任何多余的文字，把所有不重要的东西都划掉。我真惹人讨厌，不是吗？

边走边唱

写到给出的拟声词的位置时用上它们。这样开头：

我们走到……

哦

哼

嘻

112/012

嘿

嘘

嗯

啊

呦

下一步

把收音机拧到一个不常听的音乐台。听完一首歌。你刚刚写完的东西跟这首歌有什么相似之处？有什么不同？

接触新事物能够帮助你提升写作能力。

车牌号·一

现在有些车牌号是由三个字母和三个数字组成的，比如AXK937。在这个练习中，用这三个字母作为你故事开头三个词的拼音首字母。比如：爱丽丝喜欢开玩笑……在故事中某处用上三位数字937。

从这里开始：A______________X______________K______________……

下一步

现在你要开始一场写作练习的捉人游戏。首先由你当“鬼”，你必须马上写满两页纸。写完后，捉住一个作家朋友，让她当“鬼”。给她两页白纸，解释规则，让她写满两页纸后再找另一个人当“鬼”。继续吧！

不想要的东西

在这个故事中用上所有这些家居用品：

削皮器

烤箱

落地灯

厕刷

沥干架

这样开头：

长长的……

下一步

你写作过程的下一步是什么？你在抗拒它吗？你真的不想看到最终结果吗？还是想得到别的结果？最糟糕的结果是什么？你愿意承担风险吗？

凝视游戏

在这个练习中，目视正前方。不要低头看这本书。把目光集中在一个对象上。别担心字迹是否整齐。享受这种出神的状态。这样开头：

我看见……

下一步

列出空白页让你感到害怕的地方。你是否意识到，所有这些恐惧可能都是你自己制造出来的？现在列出空白页让你感到兴奋的地方。感觉好多了，不是吗？

漆黑的暴风雨之夜

这是第二著名的开头！把这句话作为你故事的结尾。从最著名的开头开始写：

很久很久以前……

……漆黑的暴风雨之夜。

下一步

动物在面对危险时会选择战斗或逃跑。你呢？当事情变得棘手，你会加倍努力与之斗争，还是会逃跑，放弃写作？描写一次你坚持到底、战胜困难的经历。

从苹果到橘子

从“苹果”开始写一个故事或一首诗，写到给出的每一个字母时，用它作为那个词的拼音首字母（如果该字母不能用作拼音首字母，使用字母本身读音对应的汉字）。

苹果 ________ B ________

C ________ D ________

E ________ F ________

G ________ H ________

I ________ J ________

K ________ L ________

M ________ N ________

O ________ P ________

Q ________ R ________

S ________ T ________

U ________ V ________

W ________ X ________

Y ________ Z ________

下一步

从你作为写作者的自我特征中找出26个积极的特征，按照字母表顺序，用每个字母作为拼音首字母。

A________ B________ C________ D________ E________ F________ G________

H________ I________ J________ K________ L________ M________ N________

O________ P________ Q________ R________ S________ T________ U________

V________ W________ X________ Y________ Z________. 把这张纸片贴在你的案头。

圆圈游戏

圈出两个最吸引你的词：

窥视
问询
腐烂
阳光
毒蜘蛛
波动

圈出两个最吸引你的词：

中提琴
网
木琴
拉链
宇航员
梭鱼

圈出两个最吸引你的词：

汽笛
沙漠
优雅
灵巧
德国
歇斯底里

在一个故事中用上你圈出的六个词。

这样开头：

我完全被迷住了，像一个……

下一步

“感叹号就好像是自己讲笑话，然后自己笑。”——F.斯科特·菲茨杰拉德(F.Scott Fitzgerald)

感叹号给人的感觉是强迫读者去感受。读者为你着迷，别因为过度使用感叹号失去他们。向他们展示，不要强迫他们。回顾这本书，尽可能地删除感叹号。现在就去！（哎呀，我又用了一个感叹号。）

怪物大碰撞

写到给出的词语时用上它们。这样开头：

怪物不会……

捣碎

猛击

冲撞

砍伤

掠过

鲁莽地

下一步

“不要等想好了再写。在纸上思考。”——哈利·凯莫曼(Harry Kemelman)

这是一个不修改的机会。想到什么就写什么。至少两分钟里笔不要离开纸。

化装舞会

我曾经去一个非虚构类的创意写作课堂听课，那天他们刚好在举办化装舞会，学生们穿上制服或者戏装，向全班讲述一个与之相关的故事。听了这些以服装为背景的故事，我对每一个讲故事的人都有了更多的了解。

从下面的服饰中选择一种：

1、戏服

2、皮鞋或运动鞋

3、靴子

4、夹克或大衣

5、T恤或衬衫

6、睡衣

7、内衣内裤

8、泳衣

9、帽子

10、戒指或其他首饰

从你记忆的衣橱中找到一件这种服饰。从你是如何得到它的，到穿着它时发生过什么事，讲一个故事。你会惊奇地看到，一件衣服竟然能够引出如此丰富多彩的故事。

这样开头：

这件特别的……

下一步

试着打扮成你笔下一个人物的样子，或者当你描写一段回忆时，穿上那个时候你穿的衣服。不需要全副武装，通常一顶帽子、一副眼镜、一件衬衣，或者一双靴子就够了。衣服能够帮助你体会细节。当你穿戴成人物的样子写作时，很难不进入角色。

弯弯曲曲

如果你在做写作练习时，不时回顾写完的部分，一边写一边删，选择用词时犹豫不决，或者写得非常有条理，那么你很可能让左脑的编辑干扰了右脑的创作。你可以训练自己保持一种稳定的写作势头，让左脑在一旁原地待命。为了做到这一点，从手部训练开始，然后再训练你的大脑。

用波浪线填满每一行，就像躺倒的字母e，或者没有圆点的字母l。写完后这页纸看起来应该像这样。

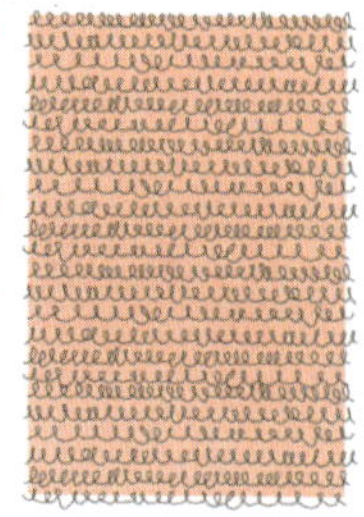

下一步

在写作练习中，每当你不能阻止头脑中的编辑介入，立刻停下来，拿一张纸画波浪线，就像你在这个练习中做的一样。这个动作能够帮助你回到右脑模式，让笔尖顺畅地划过纸面。当你的手和脑变得训练有素时，你只需要画一行波浪线就能回到不受编辑干扰的右脑模式。

现在选择一个开始段落，就在你画完的波浪线上接着写。尽量让笔尖移动得像画波浪线一样快。不要回头看，不要增删文字。如果你想不出来要写什么，就画波浪线，直到你想起来。写满所有的波浪线。

1. 她在每个字母l上画上心形……
2. 岩洞壁上的文字……
3. 在五年级的老师夸奖他的字写得很漂亮之后……
4. 侦探很肯定这个笔迹是……
5. 举重运动员抡了几圈胳膊……

特色方言

中国地大物博、民族众多，不同地区的不同民族都有自己的方言，语言学家统计中国各地的方言加起来不下300种。在你的故事中用上这四个四川方言：

- 瓜娃子（傻子，笨蛋）
- 啷个起的（怎么了）
- 巴适（安逸、舒适）
- 毛椒火辣（烦躁、急躁）

这样开头：

这个瓜娃子……

下一步

你的家乡有什么食物可以为你的作品增添地方特色？列一个清单，供以后参考。

回忆飞旋

使用给出的开头。写下想到的第一件事，即使并不完全是真的。不要停下来思考。快点写！

我记得有一次……

机器娃娃被召回……

我记得写作……

下一步

选出六段关于三月的回忆。把它们作为你未来写作的灵感。

陷害

如果你喜欢，就把本页的练习写在圆圈里。开头已经给出了。

我被陷害了……

下一步

你是否在写作问题上责怪过别人？你是否因为写出了成功的作品感谢过别人？把你责怪或感谢的人名写在这里：＿＿＿＿＿＿＿＿＿＿

现在拿一支粗马克笔划掉这个名字。你，只有你，对写作的成功或失败负责。

夏令营·一

写出两个关于吵架的词：______________________________

写出两个关于露营的词：______________________________

写出两个关于友谊的词：______________________________

你今年12岁，离家参加夏令营。你刚刚跟你最好的朋友吵了一架。写一封信回家，用上刚才列出的词。

亲爱的______________________，

我再也不跟______________说话了。今天……

下一步

有时候你无法改变环境，但是你能改变环境中的自己。描写一个具有挑战性的环境。描写你可以是谁（而不是你通常是谁），来改变现状。明天就做这个人，看看会发生什么。

夏令营·二

写出两个关于和平的词：______________________________

写出两个关于投票的词：______________________________

写出两个关于敌人的词：______________________________

你是上面练习中作者最好的朋友。

你们吵架之后，你也写了一封信回家。用上上面六个词。

亲爱的______________________，

我再也不想听到______________的名字了。今天……

下一步

许多名人都有绰号，比如“语法女孩”“清洁女王”“老板”。给你作为写作者的自己起一个绰号。

当你坐下来写作时，带着好心情对自己大声重复这个绰号。

海湾乐队

你是一个炙手可热的乐队的主唱。你最近发行的单曲大受欢迎，现在，你正在举办第一次大型巡演。乐队成员乘着一辆二手旅游巴士，从一个城市到另一个城市。事情不像计划的那么顺利。写完这个故事。

尽管女孩们狂热地尖叫……

下一步

注意！写一篇与音乐无关的文章，但是要尽可能多地包含下面这些与音乐有关的词汇：渐强、节拍、铜管乐器、终止、曲调、合唱、音乐会、降音、升音、小提琴、小夜曲、序曲、打击乐器、八度音阶、音符、旋律、小调、大调、法国号、声部、速度、组曲、和声、五线谱、节奏、管乐器、簧片、歌唱。如果需要，使用给出的开头：活力二人组……

奇怪的气味

列出三种你喜欢的气味：

____

____

____

列出三种你讨厌的气味：

____

____

____

在一篇文章中用上所有六种气味，这样开头：

我开进加油站……

下一步

我们小时候，我姐姐很喜欢闻汽油味。

想想其他人有什么怪癖，为将来的人物塑造积累素材。

短信

编写两个人之间互发短信的完整对话。一种颜色的手机屏幕代表一个人。按照给出的颜色写出往来对话。有时候，一个人会在对方回复之前发出好几条短信。

选择一种情景：

- 道歉
- 谴责
- 尴尬的邀请
- 通知

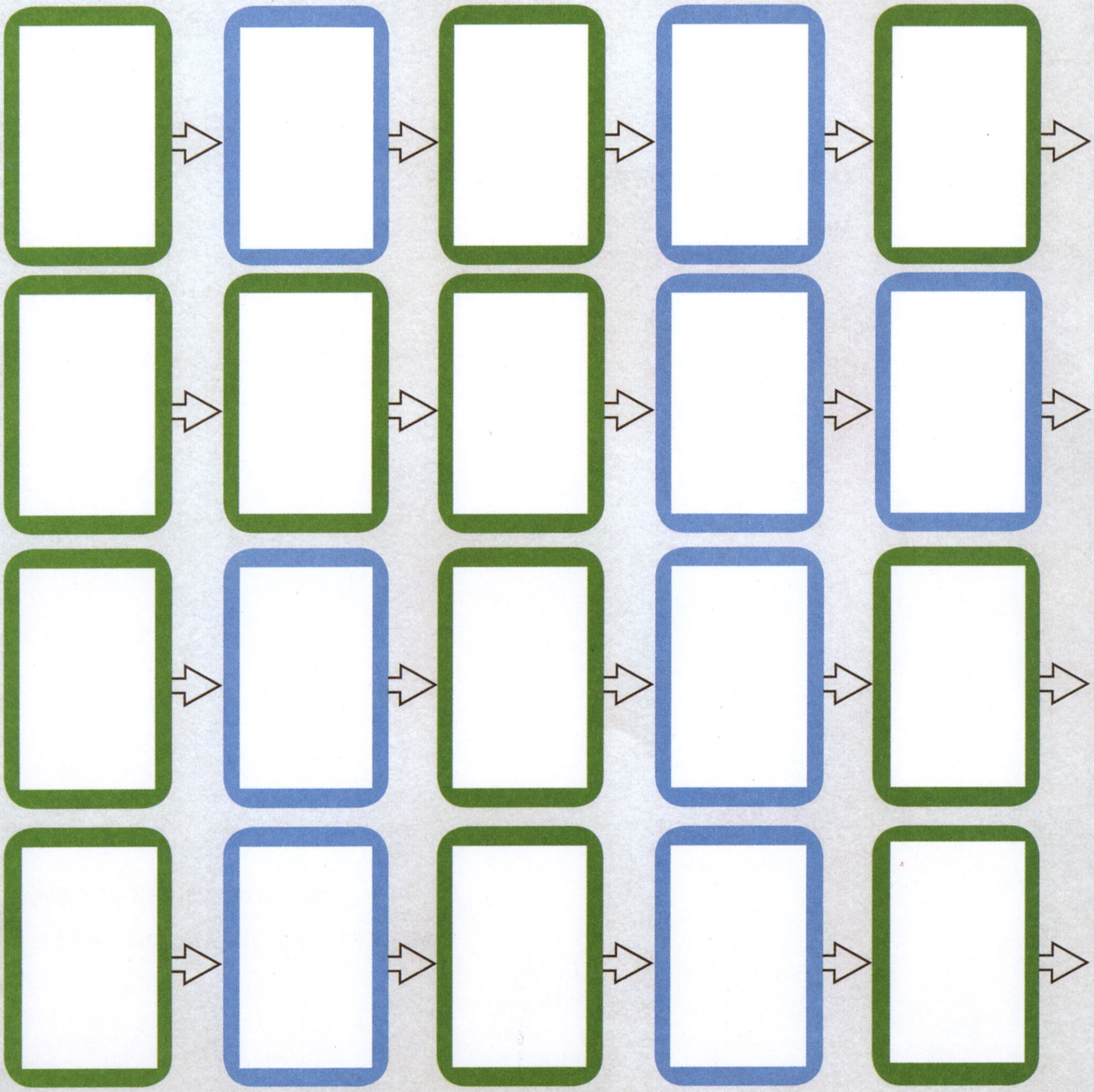

下一步

写作灵感经常出现在两个互不认识、素未谋面的人之间。例如，一种激发创造力的最好方式就是参与另一个人的创作。这在你看电影、读书、参观博物馆时都会发生。接受其他人写作热情的洗礼，能够启发你的灵感。当你把自己的作品公之于世时，你便在回报这种启发。

评论家的角落

回答每个图形中的问题，把答案写在（或者画在）图形内。

你内心的评论家闻起来什么样？

如果要让你内心的评论家闭嘴或者走开，你会说什么？

你内心的评论家听起来什么样？

你内心的评论家看起来什么样？

你内心的评论家口头禅是什么？

你内心的评论家如何走路？

你内心的评论家如何皱眉？

下一步

你想把你内心的评论家送到哪儿去？写完本页练习后拍张照片，放进信封，贴上邮票，写上地址。然后把它寄出去，把你内心的评论家寄走。然后，邀请你的缪斯女神，小小地庆祝一番！

如梦似幻

如果你喜欢，可以写在云朵的形状里。开头已经给出了。

我记得梦见……

下一步

朗读你的作品时不要含混不清。站直了，大声把你的作品读出来，每一个字都吐字清晰。一遍又一遍地朗读，直到你确定听众能够听到，你对自己的创作力有多么骄傲。现在朗读一篇经过润色的作品。如果你没有，找一篇作品，先编辑修改，然后带着骄傲大声朗读。

莎士比亚

用上所有这些由莎士比亚创造的词：

铁石心肠的·有光泽的

野性·虚张声势·监督者

这样开头：

尽管见到他令我颤抖，我还是把他视为我的伙伴……

下一步

你生活中有谁可以成为写作的榜样？跳出思维定式。他不一定是个作家。多花些时间跟他在一起。

你的写作可以成为谁的榜样？联系他，花时间跟他在一起。

希腊众神

本页上给出了一些希腊众神的名字，写到出现的位置时用上它们。这样开头：

胜利不是……

阿瑞斯

宙斯

波塞冬

阿波罗

厄洛斯

下一步

你习惯接受赞誉吗？会脸红吗？微笑？躲避？移开目光？否认？坦然接受每个字是很了不起的。在镜子前练习。保持眼神接触，深呼吸，一只手放在胸前，表扬自己。这样做，直到你能够舒舒服服地聆听对自己的赞誉。

打结

写完这个故事。这样开头：
她整了整他的领结……

下一步

有时候我们需要提醒自己保持积极的心态。从写作的角度，在横线处填写积极的内容：

- 我是________________________。我是________________________。
- 我是________________________。我是________________________。

下次你问自己文章写得好不好时，别犹豫，别找借口。只要回答：“很好。”

两岁的淘气包

你今年两岁。从这个视角回答下面的问题。要像个孩子一样！开始吧！

用CAT作为拼音首字母给自己起名字：______________________

昵称：______________________

眼睛颜色：______________________

头发颜色：______________________

喜欢的食物：______________________

兄弟姐妹的名字和年龄：______________________

兄弟姐妹对你怎么样：______________________

对如厕训练的想法：

这样开头：

我卡在婴儿床的栏杆里了……

下一步

写作时你在哪个领域卡壳了？

现在发明了一种新的“黏胶去除剂”，能够帮助你摆脱困境。你获得自由之后的第一步要做什么？

身陷囹圄

写到给出的词语时用上它们。

这样开头：

我睁开眼睛，意识到我在监狱里……

监狱

失败　保释

欢呼　邮件

指甲　桶

铁路

航行

尾巴

失败

监狱

下一步

你会为了什么人或什么事甘愿坐牢吗？为了谁？为了什么事？为什么？如果你把这种感情融入写作中，对读者会非常有吸引力。

圆满结局

用页面下方的最后一句话作为故事的结尾。

他又一次在地板上踱步，但这次不再是九英尺走两遍。[出自辛克莱尔·刘易斯（Sinclair Lewis）的《安·维克斯》（Ann Vickers）。]

下一步

创作长篇作品时，踱步会很有帮助。说说你能够如何运用目标、计时器、奖励或其他工具帮助自己按时完成写作目标。或许你在生活中的其他方面已经用过这些工具了。

你会写俳句吗？

今天你的任务是写一首俳句。

页面上提供了帮助。

俳句是一种日本的诗歌体裁，由三行、十七个音节组成：第一行五个音节，第二行七个音节，第三行五个音节。本页上列出了很多五个音节的短语。选出两个你喜欢的（或者随机选择两个），把它们分别写在页面下方的第一行和第三行。自己加上中间七个音节的一行，瞧，你写出了一首俳句。

隐藏的宝藏
刀子和叉子
女孩的头上
像一个混蛋
折叠的地图
心里的愤怒
来历不明的
夜晚的鸟鸣
炫目的阳光
背弃的诺言
爆炸的水球
公开的计划
外卖的中餐
甜筒冰淇淋
珍奇古玩店
黑暗中舞蹈
竖琴的乐声
完美地处置
下载的音乐
幸福地陶醉
着眼于未来
多米诺骨牌
红色郁金香
五分钟成名
两代之间的
发光的宝石
万圣节糖果
辛苦有回报

忘不掉过去
家庭作业集
黄昏去滑冰
交通大堵塞
泥泞的水域
我们的梦中
酩酊大醉的
网络上约会
令人陶醉的
充满了遗憾
夏日艳阳下
风筝随风飘
秋天的落叶
笑了一整夜
比赛开始了
轻快的笑声
像一只章鱼
苦涩的甜蜜
小小的村落
失而又复得
魔术师兔子
闪耀的灯光
牛奶和饼干
周一总会来
金钱非万能
天很快亮了
友好的姿态
燕麦巧克力

古老的帆船
在岛屿巡航
看高清影碟
时间的边缘
超等优秀生
花生和奖励
栖息在枝头
公园中野餐
好问的孩子
听摇滚长大
不要求回报
机器人姿态
像坐过山车
浪尖的海鸥
从窗口看去
太阳的阴影
分享一杯茶
肩负起重任
六位数收入
看镜头微笑
天空中翱翔
隐秘的快乐
秘密的故事
拨动吉他弦
粗野的学生
单面煎鸡蛋
湖心打转转
迈出第一步

目的和手段
早上的报纸
潺潺的水声
夏日的河流
城市静悄悄
流动的岩浆
森林公园里
雷声隆隆响
承认错误时
从山顶滚落
两条短信息
残忍的暴龙
撑着一把伞
全体一致地
不合常规的
催眠状态下
木板路下方
令人遗憾地
未拆的礼物
不成文故事
选民排排站
孩子的母亲
冬天到春天
作家的眼睛
女王的姿态
破旧钢琴键
用铅笔写作
或许不一定

把你的俳句写在这里。

1. ______________________

2. ______________________

3. ______________________

如果你仍然感到俳句的召唤，在这里再写一首。

1. ______________________

2. ______________________

3. ______________________

下一步

社交媒体很适合分享你创作的俳句。请你在接下来一个星期（七天）里，每天写一首俳句（十七个字）发布在朋友圈。从上面已经写完的俳句开始。

意识流

从“意识”这个词开始，自由联想。想到什么就写什么。例如：
枕头、睡眠、梦、飞翔、粉色天空、外星人、音乐、贝多芬、摇滚乐……

意识

圈出八个有趣的词，把它们用在一个故事中。这样开头：

小溪波光粼粼，鳟鱼在水面下游动……

下一步

再一次自由联想，从“承诺”这个词开始。

关于你的写作自我，这些词是否揭示了新东西？有没有积极的内容可以圈出来？或者你需要补充一些？

充满欢乐的世界

写满整页纸。这样开头：

她总能找到快乐……

下一步

“恐惧是滋生负面思想的小黑屋。”——迈克尔·普理查德(Michael Pritchard)

你在哪里享受创意的乐趣？今天就去其中一个地方。如果你实际上去不了，就在想象中造访那里吧。

十一月

写完这个故事。这样开头：

我发现自己在“十一月号”太空船的泊位……

下一步

选出六段关于十一月的回忆。把它们作为你未来写作的灵感。

避免灾难

用上这四个词：
逗笑、眼泪、目标、吊坠

这样开头：
真是一场灾难……

下一步

不要给明天的写作任何演变成灾难的机会。写下你理想的景象。明天在你写作之前读一遍，确保预言成真。

缪斯女神

这是个邀请你的缪斯女神的机会！如果你认为自己没有，创造一个。直接回答方格中的问题——如果你愿意，画出来也可以。

你的缪斯女神走路什么样？

你的缪斯女神的声音什么样？

你的缪斯女神如何娱乐？

你的缪斯女神穿着什么？

你的缪斯女神如何微笑？

你的缪斯女神住在哪里？

你的缪斯女神喜欢吃什么？

你的缪斯女神身上有什么气味？

下一步

给你的缪斯女神写一张感谢卡。大声朗读出来，让每个字都走到心里去！

风味绝佳

在你的故事中用上所有这些香料：牛至、芥末、姜、大蒜、芫荽、肉桂

这样开头：

表面上她像蜜糖一样甜，但是内里……

下一步

厨师知道如何用最好的香料取悦食客的味觉。作家知道如何用最好的文字激发读者的想象力。回顾这篇作品，用你能想到的最好的形容词点缀其中。把它做成一道想象力的盛宴。

找对位置

要让一个陌生的地方在你的作品中活灵活现，点缀一些容易理解的有地域特色的语言是非常有帮助的。努力在你的作品中用上这些日语外来词，但别让读者一头雾水，感觉他们需要一本字典。

这样开头：

我喝了一口……

人气：受欢迎

写真：照片集

料理：菜肴

物语：故事

放送：播放

卖场：出售商品的大型场所

达人：某方面的高手

残念：遗憾、懊悔

大丈夫：没问题

暴走：横冲直撞

御姐：成熟强势的女性

正太：小男孩

素颜：没有化妆的脸

元气：精神

控：强烈的偏好

下一步

如果你喜欢这个练习，再试试使用其他语言的外来词。

所有的角度

使用给出的开头，如果你喜欢，写在给出的形状里。

他从所有的角度……

她知道所有的角度……

下一步

如果你看问题有一个新角度，写一篇专栏文章寄给本地媒体。如果发表了，能帮助你赢得声誉，成为其他写作机会的敲门砖。现在就写点什么吧。

蛮牛

我很喜欢这个练习，因为它让你挖空心思寻找合适的词。这篇文章中所有的词都必须是两个字。

这样开头：

那头公牛……

下一步

在写作的过程中，哪个步骤是阻拦你的蛮牛？开头？中间？结尾？修改？投稿？想一些办法，把蛮牛变成小绵羊。尝试其中一种，看看是否有效。

我就是我

先别往下看，从1～50中选择五个数字，写在这里：____________

现在，在表格中找到你选择的数字对应的特质。将所有五个特质合起来组成一个人物。给这个人物起个名字：____________

蓝眼睛 1	爱好交际 2	神经质 3	小嘴巴 4	高个子 5	拖拖拉拉 6	冲动的 7	电视迷 8	猫奴 9	娃娃脸 10
容易脸红 11	足不出户 12	爱吐痰 13	吝啬的 14	跛脚 15	龅牙 16	来自小家庭 17	说话含糊 18	轻浮的 19	粗野的 20
九根手指 21	势利的 22	内疚的 23	异想天开 24	负债累累 25	流鼻涕 26	不成熟 27	放声大笑 28	长痤疮的 29	容易激动 30
凭直觉的 31	善妒的 32	保护欲强的 33	狡猾的 34	恐惧症 35	没有牙齿 36	不服从的 37	夜猫子 38	有同情心 39	琐碎的 40
健忘的 41	鼓舞人心 42	长雀斑的 43	顽固的 44	孤独的 45	喝醉的 46	勤奋的 47	门萨会员 48	肥胖的 49	厚脸皮 50

从这个人物的视角写一篇文章，融入他的特质或个性。不要只是提到这些特质，而要通过对话、行为和描写来表现它们。

这样开头：

在全城所有的人里……

下一步

列出一个坚定的写作者应该具有的特质。圈出所有你现在已经具备的。在你希望拥有的特质下方画线。现在制定一系列目标，让自己获得这种特质。一旦做到了，回过头来再选择一种新的特质。

选择，选择

二者任选其一：

A、我想靠自己的力量飞翔。

B、我想让自己隐身。

在这个故事中，你拥有这种超能力。

这样开头：

这只是一个小小的谎言……

下一步

试试这个小练习：计时十分钟，舒舒服服地坐好——不过也别太舒服了，思考关于写作的问题。不要写，不要记笔记，不要做任何记录——不管你在十分钟里多么想这样做。只是思考……

发生了什么事？你感到惊讶吗？

车牌号·二

有些车牌号是由三个字母和三个数字组成的，比如QJK232。在这个练习中，用这三个字母作为你故事开头三个字的拼音首字母。比如，请捐款……在故事中某处用上三位数字232。比如：请到中央大街232号XX银行办理捐款。

从这里开始……

Q________________ J________________ K________________

下一步

捉人游戏是夏日夜晚的消遣。如果没有最后期限，也没有任何期待，写作跟捉人游戏有什么不同？

或许你一直在玩这游戏，自己却没有意识到。

干一行 爱一行

这是创作于19世纪初的一个故事的第一段。花几分钟阅读。第二段的开头也给出了。你就从这里接手，继续写完第二段。

人类无法将脑内所有信息同时关联到一起，我想，这算是世间最大的仁慈了。我们身处恬然宁静的无知之岛，位于黑狞无边的大海中央，也并非注定要驶向远方一探究竟。各种科学在其所属方向竭力前行，虽然至今尚未对我们造成伤害，但终有一天，各不相关的知识彼此碰撞，会揭开那骇人的真相，点明我们在这片可怕光景中所处的方位。这份光明是如此恐怖而致命，我们若不想失心而疯，就必须远远逃开，躲进一个新的黑暗时代去寻找平和与安宁。

通神论者认为……

下一步

这个开头段落出自H.P.洛夫克拉夫特(H.P.Lovecraft)的《克苏鲁的呼唤》(*The Call of Cthulhu*)。作为特别优待，今天没有新任务了。请你看看作者是如何继续这个故事的：

通神论者认为，宇宙循环宏奥无边、屈人畏伏，身处其中，我们的世界和人类本身都只是转瞬即逝的偶然。通神论者妄图猜度这一天道循环，并闪烁其词地提到了怪诞的太古幸存者，如果这份描述没有披上和善的达观，就能使读者的血液为之凝固。但我对太古禁忌的惊鸿一瞥并非来自这些描述，就像所有撞见真相的噩梦那样，这一瞥来自孤立事物偶然碰撞所闪出的火花——这一次，两者分别是一则报纸上的旧闻和一名已故教授的笔记。单单这一瞥，便令我思之如坠冰窟、梦之心神错乱。但愿再没有人辨出此间的端倪；如果我能活下去，也绝不会故意泄露线索、让别人找出两者之间狰狞的关联。我觉得，那名教授也想守住他所知道的秘密，若非突然暴毙，定会将笔记销毁。

最好的座位

如果你愿意，可以写在图形里。

这样开头：

离开座位……

下一步

拿一只大盆，倒满热水，写作时把脚泡在水里。

这样开头：

我漂浮在……

我告诉过你多少遍了！

写出三个动词

写出三个形容词

把它们都用在一个故事里。这样开头：

我告诉过你，我告诉过你多少遍了……

下一步

有成千上万种表现人物情绪的方法。练习用下面给出的人物/情绪组合创作场景：

- 护士/骄傲
- 美容师/恐惧
- 保管人/嫉妒

寓言·一

在页面下方，用"这个故事告诉我们"后面的话来结束你的故事。这样开头：

当我还是个……

这个故事告诉我们：苹果只会掉落在苹果树下。

下一步

我向自己承诺，当我的一本书得到出版社认可并签了合同，就给自己买"月月水果"俱乐部的会员。每次收到订购目录，我都会想起这是我给自己的奖励，想到自己的进步。你希望实现的目标是什么？实现目标以后你会给自己什么礼物？

理解万岁

写完这个故事。这样开头：

图书馆管理员遇到了一个棘手的问题……

下一步

当你向读者展示，而不是直接告诉他们，他们会更容易理解。这是一个“告诉”的例子：我弟弟又聪明又幽默。这是一个“展示”的例子：我弟弟用法兰克·辛纳屈(Frank Sinatra)的一首歌唱出了元素周期表，逗得听众们哄堂大笑。现在把“告诉”变成“展示”：他筋疲力尽，但是心情愉快。

大分水岭

把两个开头都用上。

他从不停下来问方向……

即使我们没有迷路，她也……

下一步

如果把你去年的生活按照写作与不写作分成两半，写作占多大比例？不写作占多大比例？

从今天开始，坚持一年，你希望写作的比例占到多少？现在就把未来一整年的时间分配好！

公开点名

写完下面四段短文。开头都是一样的，但是你的名字不同。

你叫克里斯特。这样开头：

他告诉我……

你叫伯莎。这样开头：

他告诉我……

你叫汉克。这样开头：

他告诉我……

你叫珀西。这样开头：

他告诉我……

下一步

圈出下面这些名字中你最喜欢的：浩宇、子涵、梓轩、文博、雨涵、梦琪、嘉怡、子轩、子豪、子睿、欣怡、晨曦、可馨、思彤、俊杰、皓轩、致远、佳琪、雨萱。如果这是你的名字，你的作品会有什么不同？明天，写作时假装你就是那个人。

单人牌戏

如果你喜欢文字游戏，现在有机会在练习写作的同时玩游戏了。你的目标是在一篇文章中尽可能多地使用包含某个韵母的字。每写下一个包含那个韵母的字，就得一分。当然，没那么简单：一个字只能记一次分。同一个字只有在第一次出现时算分，以后再出现多少次都不算了。专有名词和缩略语也算分。如果一个词中的几个字都使用同样的韵母，记十分。得分越高越好。用同样的韵母多挑战几次，尝试打破你自己的纪录。

选择一个韵母。

1.er
2.ai
3.an
4.un
5.ao
6.ei
7.ie
8.ou
9.en
10.üe

这样开头：

像大多数爱好者一样……

下一步

写作通常是一种非常孤独的经历，但是并非必须如此。我发明这个练习后，把它发给了一位朋友，她把它写在了博客中。我们邀请一些小白鼠尝试这个练习，得到了许多新鲜的反馈。博客、网站、朋友圈都是很方便邀请其他人参与你的写作练习的平台。感谢互联网，你现在可以跟全世界的人分享……由于时差，总是有人醒着准备给予反馈。

PETITE

小段落·11

这是一个记录记忆碎片的机会。使用给出的开头。

我记得跑过……

我记得吐唾沫……

我记得在成长的过程中……

我记得那年情人节……

我记得喜欢……

我记得感觉……

下一步

从六个段落中每段选出一个短语，组成一首六行诗。很酷，不是吗？

保持沉默

写完这个故事。这样开头：

我们安静地坐着……

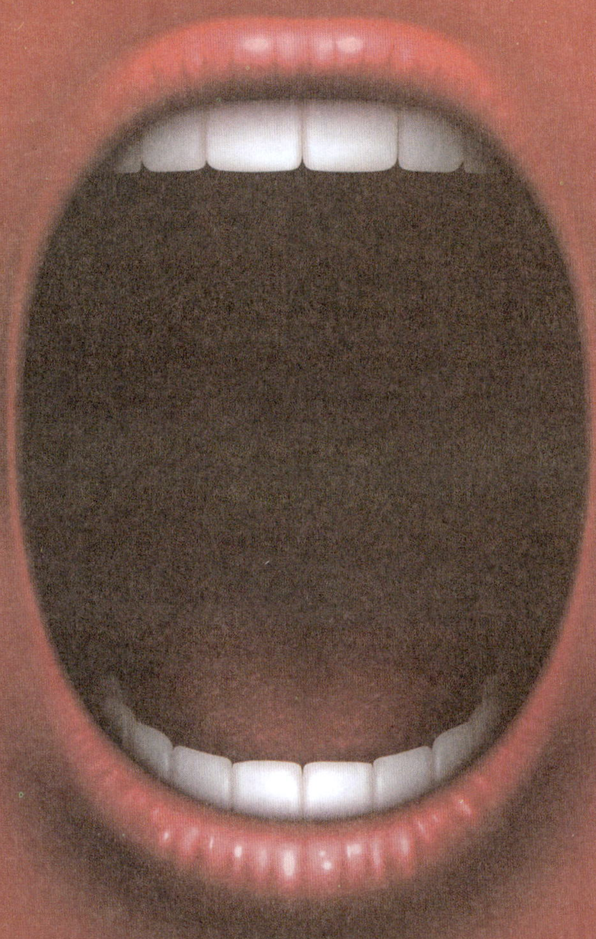

下一步

别人批评我们时，我们经常（有意或无意地）保持沉默。这是一个反驳这些批评者的机会。拿出纸笔，开始吧！

必须·不必

有人问路易斯·阿姆斯特朗(louis Armstrong)爵士乐是什么，他回答说："伙计，如果你还需要问，那你永远不会知道的。"在故事中用上这句引言。不必去查询爵士乐或路易斯·阿姆斯特朗，除非你自己愿意。

这样开头：

船长大喊道："起锚，伙计们！"于是我们……

下一步

在你能够认真写作之前，感觉哪些东西是"必须准备就绪的？"你是否意识到，除了纸和笔，你什么都不需要就可以开始写作了？

新生入学

你是一名高一新生。从新人的角度写作。使用青少年的语言！

用这几个拼音首字母起个名字：MPK ____________

昵称：____________ 眼睛颜色：____________

头发颜色：____________ 最好朋友的昵称：____________

你最好的朋友对你怎么样：____________

你对最好的朋友怎么样：____________

最喜欢的食物：____________ 对运动的看法：____________

你的储物柜里有什么：____________

这样开头：

这不是最好的日子，但也不是最坏的……

下一步

不是每天都能成为"最好的"日子。关于写作，写下过去24小时里一件值得肯定的事。

如果你喜欢这个练习，找一个笔记本（或者创建一个新文件夹），每天记录一件值得肯定的事。

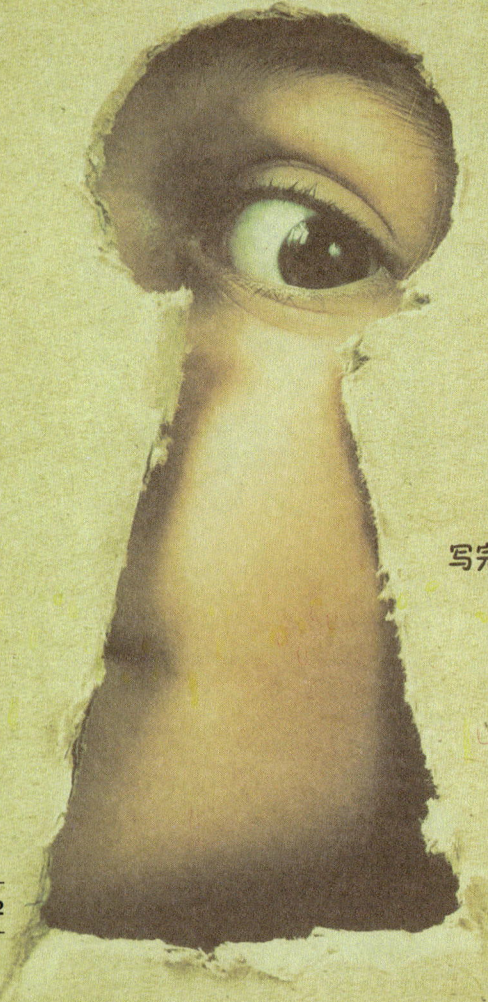

门镜

你从前门的门镜往外看，看到了圣诞老人。写完这个故事。这样开头：

不是我不相信……

下一步

坚持做这本书中的练习，如何让这个习惯融入你的整个生活？

那些日子

写完这个故事。这样开头：

早在1938年……

下一步

如果有1938种不写作的理由，说出一种足以压倒所有这些的写作的理由。

所以，你还在等什么？看看到2038年以前你能写出多少东西吧！

生僻词 WORDS

在你的故事中用上“阿吞”和“努特”——即使你可能不知道它们的意思。把故事设定在12月的阿拉斯加。这样开头：

青金色的天空，绿色的棕榈树，淡金色的沙滩……

下一步

如果你觉得12月的阿拉斯加太冷了，想象那是因为你写得太好了。（用温和、舒缓的语气）大声朗读刚刚写完的作品。（大声）告诉自己你都喜欢它哪些地方：想象力丰富、措辞优美、笔迹工整、结尾画龙点睛。对你写的所有作品都这样做！

（“阿吞”是埃及神话中的太阳神，“努特”是埃及神话中的天空之神。）

礼物

写完这个故事。这样开头：这是一张我两岁生日时的照片，我对包装纸的兴趣似乎超过了……

下一步

跳出思维定式，在刚刚的开头后面加上……

……礼物。

……年满16岁。

……金橘。

时间隧道

想象一个你希望来自的时代（过去或者未来都可以）。用你现在名字的拼音首字母，给来自这个时代的自己起一个新名字。如果你还希望换一个性别，也没问题。

新名字：________________ 现在的年龄：________

你每天都做什么？________________

你最亲近的人是谁？________________

你最喜欢的东西是什么？________________

现在你就是这个人物。从他的角度写作。这样开头：

我差一点就尝到……

下一步

如果能够穿越时空，你希望重温写作中的哪一个时刻？为什么？你现在就能。享受这一刻吧！

趣味词语

在这里列出五个外来词（确保你知道它们的意思）：

1、____________

2、____________

3、____________

4、____________

5、____________

在一个故事中用上所有这五个词，故事发生在一个新的星球上。这样开头：

天空中挂着一弯新月……

下一步

想出四个你的家人或同乡常用的俗语或表达方式（如点卯），写在这里：

1、____________

2、____________

3、____________

4、____________

这是一种为作品增添地方色彩的好办法。在一篇迷你自传中用上这四个词。

十支钢笔

本页上画着一条保龄球道，球道上摆着十支钢笔，每支上面都写着一个字。从头读到尾，组成一句话。从球道顶端给出的字开始写，写满整条球道，写到有字出现的位置时用上它。努力让每一个字自然而然地落入一个与保龄球或鞋子无关的故事中。

那　人　想　要

四　双　或

五　双

鞋

下一步

你肯定喜欢保护保龄球防止它们掉到边沟里的球道护栏。有了它，连小孩子都能保证打倒几个球。写作练习很像球道护栏。练习让写作充满乐趣，同时提供了一个探索这门技艺的安全空间。跟球道护栏不一样的是，你不必担心自己已经超过了做写作练习的年龄。各个层次的作家都使用它们来突破瓶颈、热身、充实人物或场景、催生新的灵感。你甚至不需要十支钢笔——有一支笔和十分钟就够了。为你的写作练习留出时间吧。

三位一体

在这个练习中，计时十分钟。这里有三篇小短文，每篇用时三分钟。每篇短文从给出的三个开头中选择一个。这种写作速度不给你思考的时间，因此你内心的批评家没有机会露头。写完九分钟后，用最后一分钟大声朗读所有三篇短文，找出所有三个字的词或短语。在未来的写作中，尝试使用类似的结构和技巧。

1 操场上　　一点点　　到最后

2 制服男　　热水壶　　信天翁

3 薄雾中　　存钱罐　　洋葱圈

下一步

制定目标的三个首要原则：（1）目标要可以衡量，这样目标真正实现时你才能知道；（2）目标要现实，努力跳一跳能够实现；（3）跟其他人分享目标，这样他们可以督促你。在这里写下你的三个最重要的写作目标。每天都看一看，保证它们处于你的意识前沿——这有助于实现目标。

1、______________________________

2、______________________________

3、______________________________

性别大逆转·一

如果你是女性，假装你是一名退休的男警官，养了10只猫。如果你是男性，假装你是一名退休的女接待员，养了20只猫。这样开头：

我记得七月的一天，下了冰雹……

下一步

你对自己有什么先入为主的判断，阻碍了你的写作？明天当你写作时，放弃成见，做一张白纸。看看会发生什么。

脚步轻快

写完这个故事。

那是五月一个晴朗的早晨，我从睡梦中醒来，脚步格外轻快。一夜之间，我忽然拥有了超能力，能够做到各种各样别人做不到的事。比如，当我……

下一步

春天正是为圣诞节、光明节和新年付印的杂志写文章的时节，因为很多出版物都会提前四到六个月收到这些稿件。现在就为两个季度以后的出版物储备一些灵感。现在就写一篇！感谢在线出版缩短了这个周期——在炎炎夏日编写圣诞颂歌可不是件容易的事。

近距离接触

你现在要闭着眼睛写作。你可能会发现，用你不写字的那只手来指引移动的方向很有帮助。这样开头：

我看不出来为什么……

下一步

你希望在写作的哪个方面寻求帮助？你为什么不愿意寻求帮助？揭穿背后的理由。现在就去寻求帮助吧。

一五一十

在下面的日历中找到今天的日期。这是一个五个字的开头。如果你愿意，用它来充实一个你“日常”写作中的人物。

1 黄色塑料块	2 位于市中心	3 霓虹灯闪烁	4 受雇当保安	5 他一溜小跑	6 他嘴唇干裂	7 她马上放手
8 旧黄铜钥匙	9 牙仙学校里	10 愉快的查理	11 他不辞而别	12 冲着喇叭喊	13 拥抱好生活	14 靠窗的座位
15 神秘的气氛	16 我有个弱点	17 夏日大暴雨	18 总当外野手	19 我老看不见	20 发生得太快	21 坐在门廊上
22 风车农场中	23 三思而后行	24 掉了两颗牙	25 不是个骗子	26 周六理发店	27 非常宝贵的	28 祖母的厨房
29 第一手经验	30 披着黑斗篷	31 嚼着口香糖				

下一步

我小时候，卖廉价玩具的是两元店，现在是十元店了。去逛一逛，可能带给你一些有趣的写作灵感。下面这些都是我上次逛十元店时看到的：

1、一位修女买了12罐彩条喷雾、30个冰淇淋甜筒托和一副耳塞。

2、一个小男孩放声大哭，因为他妈妈不肯给他买一顶塑料的消防员帽子。

3、一个老妇人隔着冷柜对她丈夫大喊：“乔治，医生说你应该吃好点。你想吃炸鱼排吗？”

待办事项

我不是个便利贴狂人，不过我的口袋或者钱包里总是有至少一张纸的待办事项。我最喜欢的窍门之一是在其中包含某件最近刚刚做完的事，这样我马上就能把它划掉。塑造或充实人物的一个好办法就是列出他们可能随身携带的待办事项。

选择一个人物：

1、退休的高中法语教师
2、字谜作者
3、带三个孩子的单身母亲
4、刚刚离婚的55岁男性
5、女招待

你笔下人物的待办事项会包括什么事？这里有一些思路供你参考。

列出这个人物最重要的两项新年计划

列出这个人物现在的购物清单

列出这个人物总是推迟的五件事情

列出这个人物最迫切要回复的电话、电子邮件或短信

列出这个人物最想去的两个地方

列出这个人物周末最要紧的三件差事

完成这个清单后，如果你想让这个人物更加生动，从他的角度写作，这样开头：

船正在向右倾斜……

下一步

要认识你是个什么样的写作者，一种方法就是在一张纸上列出你所有关于写作的梦想。选择一个你喜欢的容器作为你自己的“许愿井”，把梦想清单放在里面。当你有新的写作梦想时，把它们都放进“许愿井”中。当你朝着一个又一个的梦想努力时，“许愿井”将为你好好保管它们。

你 是谁

首先，选择这个故事的讲述者：

一个小孩子

一个病人

一个盲人

一个聋人

一个哑巴

一个99岁的老人

一个十几岁的少年

一个家道中落的人

一个暴发户

一个流浪汉

现在写一个故事，由你选择的讲述者来讲述，其中要包括下面三件东西：

1. 巧克力
2. 一个吻
3. 一首对你很重要的歌曲

这样开头：

这个故事是关于……

下一步

代词“他、她、它”的发音相同，在书面使用时应该遵循什么样的规范呢？“他”，用来代表男性，也可泛指所有的人，包括男女老幼，因此，当指代的人有男有女，或可能是男也可能是女时，即性别不明或没有区分的必要时，一律用“他”“他们”就可以。“她”，指人的时候，专指女性。此外，抒发感情时我们会把祖国、故乡、城市、学校等心中敬重和很有感情的事物比喻成母亲。“它”，泛指不是人的一切，如动物、植物、食物、工具等。

图形意识流

从一个图形开始，用意识流的方式列出你能想到的所有东西，自由联想，让一个词语引出下一个。不要过滤任何东西。把最先想到的东西写下来，直到其中一件东西跳出来，让你觉得很适合作为一次计时写作练习的题目。然后就写它。

例如：

夏令营辅导员，野营照片，擦伤膝盖，晒伤，弗吉尼亚海滩，家庭度假，威廉斯堡，妹妹走丢了。

写到这里，我决定停下来，写一个关于我妹妹在弗吉尼亚的威廉斯堡走丢的故事。

选择一个图形，开始意识流写作。然后再拿一张纸，写下你的故事。

下一步

为了创作这个练习，我浏览了很多剪贴画。其中有一个七天份额的药盒，不太容易看出来，因此我把它删掉了。如果你有这样一个药盒，把它找出来。在七张小纸片上写下不同的写作目标或任务，每个格子里放一张。把药盒放在浴室，每天早上刷牙的时候打开。一整天都带着你的目标，直到完成。然后立刻在一张新的纸片上写下新目标，放在同一个格子里，下个星期继续。

性别大逆转·二

如果你是男性，假装你是一名女理发师，在新泽西家中的地下室工作。如果你是女性，假装你是一名退休的男保安，住在蒙大拿一家药店的楼上。

这样开头：

急诊室……

下一步

新灵感的出现是一种美妙的感觉。描述你的感觉。

把这种感觉比作某种具体的事物（一次完美的足尖旋转或者乘坐全世界最高的过山车）。拍一张这件事物的照片，放在钱包里，时刻提醒自己创造力有多么美妙。

动物本能

想一种跟你有关系的动物。在这个练习中，使用这种动物的心理影像。填空，组成一首散文诗。

我身体里的动物穿着……______________________________

它害怕……______________________________

只吃……______________________________

我身体里的动物讨厌……______________________________

它住在……______________________________

玩……______________________________

我身体里的动物唱歌……______________________________

它有一大堆……______________________________

沉迷……______________________________

我身体里的动物喜欢……______________________________

它等着……______________________________

希望……______________________________

有时候，没有人看到时，我身体里的动物……

____

____

下一步

当你写作时，最像哪种动物？它有什么特点？手边放一张这种动物的照片。写作前和写作当中看看它，能帮助你更快进入写作状态。

很简单，亲爱的华生

关于以下四种元素，写四段短文。使用比喻，越多越好。使用给出的开头。

大地听起来……

风看上去……

雨尝起来……

火闻上去……

下一步

再来一个。写作的行为让人感觉……

字谜

这个练习中散布着一些拼字游戏中的字母方块。写到每一个方块的位置时，如果能用它作为那个词的拼音首字母，得两分。目标50分！

他的眼睛…… D

O

Q

A Y

A

R

R

R

Y H

G

W

M Z

M

N

E E

Y O

E

R

T C

下一步

施展写作才能的一种好办法是猜字谜。比如：一月七日；人无信不立；一勾新月伴三星；走出深闺人结识。

（答案：脂；言；心；佳）

自由的小蜜蜂

从“蜜蜂”开始自由联想。想到什么就写下来。

蜜蜂

圈出一些有趣的词。用它们写一个刚刚重获自由的囚犯的故事。这样开头：

我过去……

下一步

在这里写下一个故事的名字：

另外拿一张纸，开始自由联想。你找到更好的题目了吗？

寓言·二

在页面下方，用“这个故事告诉我们”后面的话来结束你的故事。

这样开头：

那辆卡车龟速前进……

这个故事告诉我们：你的天花板就是别人的地板。

下一步

想象你人格中“作家”的部分飘到天花板上，俯视其余的自己。他会告诉你什么，来帮助你成为更好的作家？

肚皮舞舞娘的理解

你是一个肚皮舞舞娘。用她的语气写完这四段短文。

枪是……

权利是……

斯蒂芬·金（Stephen King）是……

共和党人是……

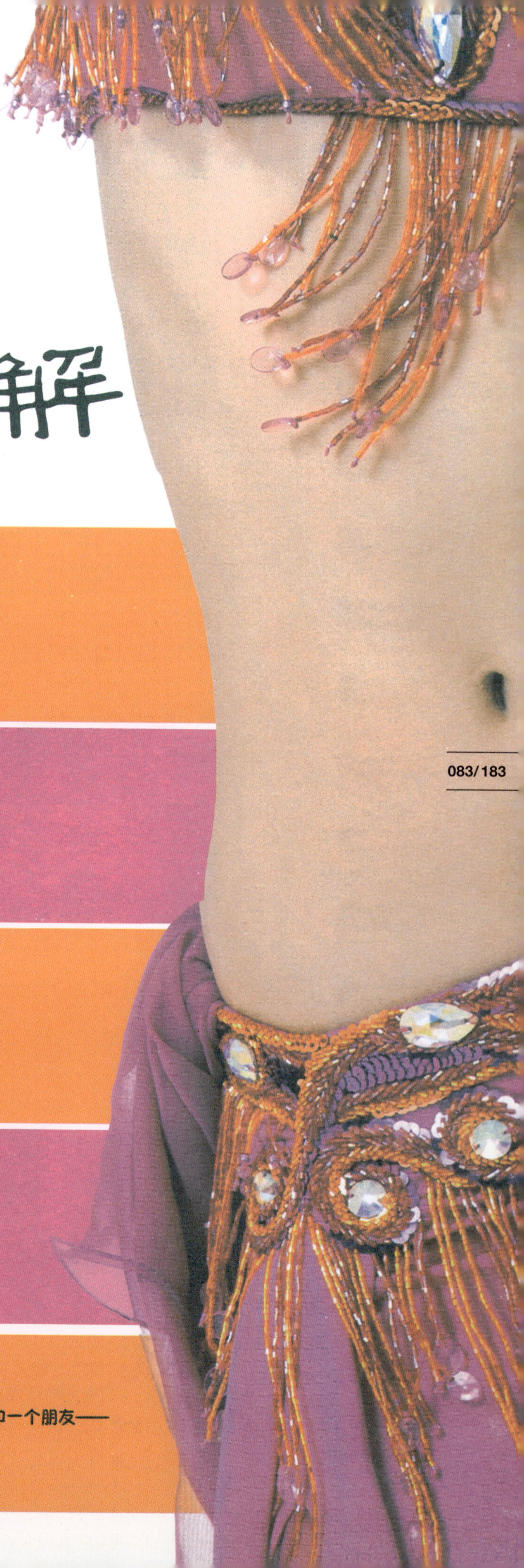

下一步

你的人物从哪里来？把两个你认识的人组合起来——一个亲戚和一个朋友——组成一个新人物。下次你写作时，使用这个人物的视角。

日记的复仇

你是一个18岁女孩的日记本。她每天写的都是关于减肥、学校、前男友、即将到来的舞会，以及一个特别的男孩。你已经受够了她的牢骚和抱怨。一天晚上等她睡着以后，你给她写了回信。

亲爱的________________________，

已经过去了……________________________

下一步

每天写一句话日记，记录你的写作进度。

如果你喜欢这个练习，另外记录你每天对写作进度的想法。[感谢《跟着妹妹搭巴士》(*Riding the Bus with My Sister*)和《美丽女孩的故事》(*The Story of Beautiful Girl*)的作者蕾切尔·西蒙(Rachel Simon)提供了这个创意。]

写完这个故事。这样开头：

小男孩小时候发现……

下一步

你觉得自己还有等待发掘的写作天赋吗？列出一些可能性。向自己承诺，在未来三个月内探索其中一种。你会采取的第一步行动是什么？

画谜·终点站

这个练习中没有文字，而是给出了一些图形。写到图形的位置时用上它们。这样开头：

巴士驶进终点站……

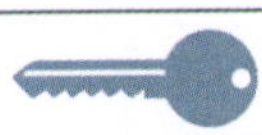

下一步

把你写作的梦想想象成巴士旅行。未来一年你最想实现的三个写作成就是什么？

跳上巴士，督促自己每天都写作！

惴惴不安

用上所有这些词语。

弄乱　　祝福　　爱抚　　紧逼　　暂停　　紧张

这样开头：

我惴惴不安地……

下一步

描写一个你认识的做事慢条斯理的人。用他那种缓慢的速度来写作。如果你就是这样的人，描写你自己，但是要飞快地写。

下次写作时尝试采用一种新速度。

快照

照片是留存记忆的好办法，但我们是作家，我们可以用文字做到同样的事。根据本页上的题目创作“文字快照”，作为照片的替代品。努力捕捉色彩、纹理和感情。使用你自己生活中的故事，或者虚构一个！

获奖：

婚礼：

童年生日聚会：

花园：

下一步

如果今天你写作时有人给你拍了一张快照，标题会是什么？现在为忘我投入写作的自己的快照起一个标题。明天写作时把这个标题变成文章。

空手去法国

你刚刚赢得了一个法国两日游的机会，但是有个问题：你必须马上就走。没有时间回家收拾行李。你能带上的就是今天穿的衣服和带的东西。而且，你只有15分钟和55美元能在机场商店购物。如果要买东西，你会买什么？

返程路上，把你的冒险故事讲给坐在你旁边的人听。这样开头：

简直像一阵旋风……

下一步

很多作家喜欢冒险，只有在压力之下才能写作。你写作的能量和动机来自哪里？你想尝试什么不同的东西？比如？

玫瑰

花开

写出六种花的名字，在作品中用上这六种花。跳出思维定式：蔷薇可以是一个女人的名字，玫瑰可以是一种颜色。

这样开头：

我从来都记不住……

下一步

你的作品越专业，你的读者越能想象出生动的图景。试试这个：描写一朵玫瑰花，就好像它是一幅用文字完成的油画。

垂挂的香蕉

写出八个表示动作的词：

1. ____________
2. ____________
3. ____________
4. ____________
5. ____________
6. ____________
7. ____________
8. ____________

写出八种日常用品的名称：

1. ____________
2. ____________
3. ____________
4. ____________
5. ____________
6. ____________
7. ____________
8. ____________

把动作和名称随意组合起来。你会得到“垂挂的香蕉”“蹲着的鞋”“射击的豌豆”等奇怪的组合。从中选择一个（或几个），用在你的故事中。这样开头：

警报解除了……

下一步

你有没有尝试过茱莉亚·卡梅隆（Julia Cameron）在《艺术家之道》（*The Artist′s Way*）中提出的“晨间笔记”？这是一种好办法，帮助你清空头脑，在接下来的一整天里，没有什么会挡在你和你的创造力之间。在闹钟旁边放一支笔和三张纸。闹钟一响，写满三张纸。在接下来的一天里感受有什么不同。

近距离接触续集

前面你已经尝试过闭上眼睛写作，你一定已经掌握了这门技巧。现在你要再一次闭上眼睛写作，不过这次要用你的非惯用手。你可能再一次发现，用不写字的那只手来指引移动的方向很有帮助。这样开头：

每次我看到……

下一步

有时候，当我们创作大部头的作品时，会在中间段落陷入泥潭，看不到出路。中间段落可以跟开头和结尾一样充满力量。恰当的例子：奥利奥、花生酱三明治。想想还有没有其他拥有美妙中段的东西，把它们跟你的写作过程相对比。

情书

造一个句子，要包含以这些字母为拼音首字母的词：T、X、H、M、Z、T。例如：同学会每周同……用这句话作为故事的开头。

T　X　H　M

Z　T

[艾瑞克·希格尔（Erich Segal）的《爱情故事》（*Love Story*）就以这六个字开头：她喜欢莫扎特……]

下一步

你为什么喜欢阅读？你阅读的一切都是由作者创作的。你也有同样的天赋，有义务把这种快乐带给其他人。坚持写作，你会让更多的人有更多的理由爱上阅读。

没有图案的明信片

你从卡片上描述的地点，给特定的人寄一张明信片。在每张明信片上写一条留言。

下一步

你现在的写作中最令你骄傲的是什么？

把这件事写在一张明信片上，寄给你自己。收到后，就像收到好朋友寄来的明信片一样，把它贴在冰箱上。

引用不限量

在你的故事中，尽可能多地用上本杰明·富兰克林的这些名言：

☆ 省钱就是赚钱。☆及时一针顶日后九针。☆吃饭是为了活着，活着却不是为了吃饭。☆

☆ 有些人审时度势，有些人闭门造车。 ☆ 空口袋站不直。☆

☆ 常用的钥匙不生锈。 ☆ 光阴一去不复返。 ☆ 戴手套的猫捉不到老鼠。☆

☞ 这样开头：

听起来不像是……

☞ **下一步**

当我没时间写作时，我会心绪不佳。当你不能追随心中的热情时会怎样？为什么要让这种感觉持久地存在？现在就做点什么来寻求改变。

迷人的标题

在特别小的城市旅行时，我喜欢买当地报纸。我最喜欢的故事是那些当地居民的杰出事迹，或者更准确地说，非常规事迹。通常会配有图片，展示这个人所有的荣誉（或耻辱）。你现在就是这样一份报纸的作者。不过没那么简单——你没有参与事件，而是只得到了一张照片。你必须根据这张照片写出标题和有新闻价值的文章。

从下面给出的图片描述中选择一个。

1、一个人的脸被什么东西蒙住了，可能是某种食物

2、一头巨大的猪

3、一个没有门牙的孩子

4、一个可能没穿衣服的人从一块巨石后面探出身子来

5、一个拿着西红柿的人

下一步

写标题时，假设读者会在阅读整个故事之前先看图片和标题。好的标题简洁明了，却能够尽可能涵盖“人物、事件、时间、地点、原因和方式”。采用能够反映图片和事件发生地特点的写作风格，一定要尊重事实！

听着，听着・一

写完这个故事。这样开头：

第一次听说他时，我有一种感觉……

下一步

下一次当你坐下来写作，没听到你的缪斯女神的声音，只听到寂静，马上开始写，这样开头："我没听见……"现在就试试看。

写完这个故事。这样开头：

听着，听着・二

从我听说她的那一秒钟起，我就知道……

下一步

有那么一刻，你意识到写作是一项工作，但你仍然热爱它。描写这个时刻。如果这从未发生在你身上，试着想象一下。

空洞的凝视

写完这个故事。

这样开头：她已经排了四小时的队，茫然地盯着空白的墙壁……

下一步

如果能够通过果实认出果树，你最独特、最容易辨识的写作风格是什么？

纯属虚构

为“金鸡纳中毒”这个词写一条词典上的释义。

根据你虚构的定义，把这个词用在你的故事中。这样开头：

星星……

“金鸡纳中毒”的真实定义：一种由于过量摄入金鸡纳树皮而引起的病理状态。金鸡纳树是安第斯山区的一种树木/灌木，树皮能够分泌出奎宁。你的定义与之接近吗？

下一步

写作不只是输出，也是输入。你有没有尝试过跳伞，或者面对上千名观众演讲？列出一些你想要尝试的事物。

为了你的写作技巧，现在就把其中一项提上日程。

困死了……

写吧，每次写到给出的词语时，用上它们！这样开头：

催眠师承诺他能帮上忙……

圆圈

台阶

巨大的

微小的

火花

冰

火

警报

螺旋

下一步

你被催眠了，每天早上七点整，无论你在干什么，都会丢下手边的事情，写作七分钟。试试看。

设计者与图片版权

设计者

CLAUDEAN WHEELER: 1–19, 21–23, 26, 27, 29

ZACH NICOLAS: 20, 24, 25, 28, 30, 215–221, 226–229, 290–302, 304–306, 369, 371, 372, 374, 377, 378

ALEXIS BROWN: 31–60, 120, 122, 318, 337

GEOFF RAKER: 61–86

BAMBI EITEL: 87–112

ELYSE SCHWANKE: 113–119, 121, 123–138

BRIANNA SCHARSTEIN: 139–164

LAURA KAGEMANN: 165–177, 190–214

BRIAN ROETH: 178–189, 240-264

JENNIFER HOFFMAN: 222–225, 230–239

DAN PESSELL: 265–289

CLARE FINNEY: 303, 307–314

RONSON SLAGLE: 315–317, 319–336, 338, 339

JULIE BARNETT: 340–364

ADAM LADD: 365–368, 370, 373, 375, 376, 379–389

图片版权

1 Fotolia.com/Rachel Arnott; **2** Fotolia.com/Andrey Kuzman; **3** Fotolia.com/muchmania; **4** Fotolia.com/Galina Pankratova; **6** Fotolia.com/grgroup; **11** Fotolia.com/mangpor2004; **12** Fotolia.com/incomible; **13** Fotolia.com/siraphol; **14** Fotolia.com/Okea; **16** Fotolia.com/pywork; **17** Fotolia.com/moypapaboris; **18** Fotolia.com/Thanks For Purchase; **21** Fotolia.com/exopixel; **22** Fotolia.com/Omar Kulos; **23** Fotolia.com/Sergey Drozdov; **24** Shutterstock.com/Marish; **25** Zach Nicholas; **26** Fotolia.com/erika8213; **27** Fotolia.com/BillionPhotos.com; **29** Fotolia.com/vetalgard; **30** Zach Nicholas; **31** Shutterstock.com/Ameu; **32** Fotolia.com/CurvaBezier; **33** Shutterstock.com/Micra; **34** Shutterstock.com/vvvisual; **35** Shutterstock.com/Complot; **36** Shutterstock.com/snapgalleria; **37** Shutterstock.com/smilewithjul; **38** Shutterstock.com/Doremi; **39** Shutterstock.com/kmlmtz66; **41** Shutterstock.com/MikeMcDonald; **42** Shutterstock.com/g/ martynmarin; **43** Shutterstock.com/Doremi; **44** Shutterstock.com/g/karnoff; **45** Shutterstock.com/mymayday; **46** Shutterstock.com/Doremi; 47 Shutterstock.com/mhatzapa; **48** Fotolia.com/CurvaBezier; **49** Shutterstock.com/jorgenmcleman; **50** Shutterstock.com/lavitrei; **51** Shutterstock.com/IvanNikulin; **52** Shutterstock.com/Seita; **53** Fotolia.com/stocksolutions; **54** Shutterstock.com/IakovKalinin; **55** Shutterstock.com/kotoffei; **56** Shutterstock.com/openeyed; **57** Shutterstock.com/Complot; **58** Shutterstock.com/Happy_Inside; **59** Shutterstock.com/Dooder; **60** Shutterstock.com/lyeyee; **61** Fotolia.com/greatandlittle; **62** Fotolia.com/Style-o-Mat; **63** Fotolia.com/CurvaBezier; **64** Fotolia.com/Becker, Fotolia.com/windu; **65** Fotolia.com/sergio34; **66** Fotolia.com/natbasil; **67** Fotolia.com/sukporn; **68** Fotolia.com/BillionPhotos.com; **69** Fotolia.com/WildOrchid; **70** Fotolia.com/fiore26; **71** Fotolia.com/luigi giordano; **72** Fotolia.com/Capeman29; **73** Fotolia.com/sveta; **74** Fotolia.com/Danomyte; **75** Fotolia.com/okalinichenko; **76** Fotolia.com/Maksim Pasko; **77** Fotolia.com/GstudioGroup; **78** Fotolia.com/karandaev; **79** Fotolia.com/445017; **80** Fotolia.com/olly; **81** Fotolia.com/Oculo; **82** Fotolia.com/Cindy Xiao, Fotolia.com/stokkete, Fotolia.com/nikolarakic; **83** Fotolia.com/stuart, Fotolia.com/AlexanderNovikov, **84** Fotolia.com/chab3; **85** Fotolia.com/Dessie; **86** Fotolia.com/AfricaStudio; **87** Fotolia.com/Anna Kucherova; **88** Fotolia.com/- Bitter -; **89** Fotolia.com/incomible; **90** Fotolia.com/ufotopixl10; **91** Fotolia.com/melindula; **92** Fotolia.com/AbsentAnna; **93** Fotolia.com/Login; **94** Fotolia.com/mangpor2004; **95** Fotolia.com/Real Illusion; **96** Fotolia.com/avian; **98** Fotolia.com/eobrazy_pl; **99** Fotolia.com/Dooder; **100** Fotolia.com/kaktus2536; **101** Fotolia.com/Lonely; **102** Fotolia.com/Dejan Jovanovic, Fotolia.com/piai; **103** Fotolia.com/baluchis; **104** Fotolia.com/boomingpie; **105** Fotolia.com/baluchis; **106** Fotolia.com/slybrowney; **107** Fotolia.com/Transfuchsian; **108** Fotolia.com/Ildogesto; **109** Fotolia.com/PrettyVectors; **110** Fotolia.com/beachboyx10; **111** Fotolia.com/depiano; **112** Fotolia.com/olgash_i; **113** Fotolia.com/Rawpixel; **114** Elyse Schwanke; **115** Elyse Schwanke; **116** Fotolia.com/Pakhnyushchyy; **117** Elyse Schwanke; **118** Elyse Schwanke; **119** Fotolia.com/oly5, Elyse Schwanke; **120** Shutterstock.com/KakigoriStudio; **121** Fotolia.com/magnia; **122** Shutterstock.com/Ezepov Dmitry; **123** Elyse Schwanke; **124** Fotolia.com/Iveta Angelova; **125** Elyse Schwanke; **126** Fotolia.com/Igor Serazetdinov, Elyse Schwanke; **127** Fotolia.com/ngocdai86; **129** Elyse Schwanke; **130** Elyse Schwanke; **131** Fotolia.com/Petr Vaclavek, Fotolia.com/pixelrobot, Fotolia.com/Georgios Kollidas; **132** Fotolia.

com/sararoom, Fotolia.com/Ekaterina Molodtsova, Elyse Schwanke; **133** Fotolia.com/dimakp, Elyse Schwanke; **135** Fotolia.com/tack-galichstudio; **136** Fotolia.com/natbasil, Elyse Schwanke; **137** Elyse Schwanke; **138** Fotolia.com/rtguest, Elyse Schwanke; **139** Fotolia.com/KirstyPargeter; **140** Fotolia.com/eatcute; **141** Fotolia.com/merydolla; **142** Fotolia.com/Denchik; **143** Brianna Scharstein; **144** Fotolia.com/karandaev; **145** Fotolia.com/vatrushka; **146** Brianna Scharstein; **147** Fotolia.com/reich; **148** Fotolia.com/riedja, Fotolia.com/mesamong, Fotolia.com/swillklitch; **150** Fotolia.com/thirteenfifty; **151** Fotolia.com/Africa Studio, Fotolia.com/AlenKadr; **153** Fotolia.com/Mikrobiuz; **154** Fotolia.com/blueringmedia; **155** Fotolia.com/Igor; **157** Fotolia.com/Rorius; **158** Fotolia.com/fireflamenco; **159** Fotolia.com/Lonely; **160** Fotolia.com/karandaev; **161** Fotolia.com/Anna-Mari West, Fotolia.com/rtguest; **162** Fotolia.com/Orlando Florin Rosu; **163** Fotolia.com/RetroClipArt, Fotolia.com/ferumov; **164** Fotolia.com/Galyna Andrushko; **165** Fotolia.com/Frog 974; **166** Fotolia.com/palau83; **167** Fotolia.com/hofred; **168** Fotolia.com/nuttapol, Fotolia.com/iuneWind; **169** Fotolia.com/macrovector; **170** Fotolia.com/rashadashurov; **171** Fotolia.com/valeo5, Fotolia.com/eatcute; **172** Fotolia.com/lightgirl; **174** Fotolia.com/scol22; **176** Laura Kagemann; **177** Fotolia.com/rashadashurov; **178** Fotolia.com/Eric Isselée, Fotolia.com/Carolyn Franks, Fotolia.com/anankkml, Fotolia.com/viperagp, Fotolia.com/worldofvector; **179** Fotolia.com/mizar_21984; **180** Fotolia.com/chones; **181** Fotolia.com/worldofvector; **182** Fotolia.com/nortivision; **183** Fotolia.com/katrinaelena; **184** Fotolia.com/Sura Nualpradid; **185** Fotolia.com/picsfive, Fotolia.com/pressmaster; **186** Fotolia.com/mimacz, Fotolia.com/vladvm50, Fotolia.com/Gstudio Group, Fotolia.com/Dimitar Marinov, Fotolia.com/logistock, Fotolia.com/teracreonte, Fotolia.com/oxyggen, Fotolia.com/koolander, Fotolia.com/RA Studio; **187** Fotolia.com/Ekler; **188** Fotolia.com/picsfive; **189** Fotolia.com/bramgino; **190** Fotolia.com/Danussa; **191** Fotolia.com/cirodelia; **192** Laura Kagemann; **193** Fotolia.com/nokastudio; **194** Fotolia.com/cunico; **195** Fotolia.com/hypnocreative; **196** Fotolia.com/click_and_photo; **199** Fotolia.com/Bartlomiej Zyczynski; **200** Fotolia.com/kittitee550; **201** Fotolia.com/Neo Edmund; **202** Fotolia.com/podshibykin; **203** Fotolia.com/okalinichenko; **205** Fotolia.com/cirodelia; **206** Fotolia.com/Lonely; **207** Fotolia.com/jodo19; **208** Fotolia.com/emuemu; **209** Fotolia.com/archideaphoto; **210** Laura Kagemann; **211** Fotolia.com/adimas; **212** Laura Kagemann; **213** Fotolia.com/Iveta Angelova; **217** Fotolia.com/Wissanu99; **218** Fotolia.com/olliethedesigner; **219** Fotolia.com/Wissanu99; **222** Fotolia.com/2xSamara.com, Fotolia.com/serkucher; **223** Fotolia.com/kyoko; **225** Fotolia.com/GiuseppePorzani; **226** Fotolia.com/archideaphoto; **228** Fotolia.com/Andrii Pokaz; **229** Fotolia.com/9comeback; **230** Fotolia.com/Casther; **231** Fotolia.com/magann; **232** Fotolia.com/kmit; **233** Fotolia.com/Irochka; **234** Fotolia.com/frozenmost; **235** Fotolia.com/Alexander Zelnitskiy; **236** Fotolia.com/Feng Yu; **237** Fotolia.com/dwph, Fotolia.com/Neptune; **238** Fotolia.com/eyeretina; **239** Fotolia.com/mysontuna; **240** Fotolia.com/Daniel Heywood; **241** Fotolia.com/fotomatrix; **242** Fotolia.com/zhelunovych; **243** Fotolia.com/HieroGraphic; **244** Fotolia.com/Rada Covalenco; **245** Fotolia.com/najtli; **246** Fotolia.com/sunny_lion; **247** Fotolia.com/rudall30; **248** Fotolia.com/aeroking; **249** Fotolia.com/LeonART, Fotolia.com/mhatzapa; **250** Fotolia.com/RetroClipArt; **251** Fotolia.com/picsfive; **252** Fotolia.com/Sveta; **253** Fotolia.com/Anna Frajtova; **254** Fotolia.com/romvo; **255** Fotolia.com/Seamartini Graphics; **256** Fotolia.com/Adrian Niederhäuser; **257** Fotolia.com/Nik_Merkulov; **258** Fotolia.com/noscovaolga; **259** Fotolia.com/marforrstock; **260** Fotolia.com/th3fisa; **261** Fotolia.com/Fotographix; **262** Fotolia.com/chones; **263** Fotolia.com/Ekaterina Garyuk; **264** Fotolia.com/shadowalice; **265** Fotolia.com/Sylwia Nowik; **266** Fotolia.com/Maksim Shebeko, Fotolia.com/loreanto; **267** Fotolia.com/goodween123; **268** Fotolia.com/wayne_0216, Fotolia.com/jineshgopikklm, Fotolia.com/Ljupco Smokovski; **269** Fotolia.com/jonnysek; **271** Fotolia.com/photosvac; **272** Fotolia.com/fotoatelie; **273** Fotolia.com/elophotos; **274** Fotolia.com/Gianfranco Bella; **275** Fotolia.com/eugenesergeev; **276** Fotolia.com/Arsgera; **277** Dan Pessell; **278** Fotolia.com/ra2 studio, Fotolia.com/Virynja; **279** Fotolia.com/Photobank; **280** Fotolia.com/tomo; **281** Fotolia.com/Irochka; **282** Fotolia.com/Ljupco Smokovski; **283** Fotolia.com/Dmytro Sukharevskyy; **284** Fotolia.com/cirodelia; **285** Fotolia.com/sutichak; **286** Dan Pessell; **287** Fotolia.com/zsooofija; **288** Fotolia.com/jonbilous; **289** Fotolia.com/tinadefortunata; **290** Zach Nicholas; **291** Fotolia.com/Garry Images; **292** Zach Nicholas; **293** Zach Nicholas; **294** Zach Nicholas; **295** Fotolia.com/Aleksandra Novakovic, Zach Nicholas; **296** Zach Nicholas; **297** Zach Nicholas; **298** Fotolia.com/girafchik; **299** Zach Nicholas; **300** Fotolia.com/lestyan; **301** Zach Nicholas; **302** Zach Nicholas; **303** Fotolia.com/Jorge Alejandro; **304** Zach Nicholas; **305** Zach Nicholas; **306** Fotolia.com/eatcute; **307** Fotolia.com/rtguest, Fotolia.com/patrimonio designs; **308** Fotolia.com/mattasbestos, Fotolia.com/liravega.ai; **309** Fotolia.com/jesadaphorn; **310** Fotolia.com/dule964, Fotolia.com/Uros Petrovic; **311** Fotolia.com/headcircle, Fotolia.com/eatcute; **312** Fotolia.com/00798; **313** Fotolia.com/photoestelar 3; **314** Fotolia.com/Rada Covalenco; **315** Ronson Slagle; **316** Fotolia.com/Giorgio Clementi; **317** Ronson Slagle; **318** Shutterstock.com/veron_ice; **319** Ronson Slagle; **320** Ronson Slagle; **322** Ronson Slagle; **324** Fotolia.com/Sebastian Kaulitzki; **325** Fotolia.com/bannosuke; **326** Fotolia.com/Julia Tim; **327** Fotolia.com/Meliha Gojak; **329** Fotolia.com/aaabbc; **331** Ronson Slagle; **334** Ronson Slagle; **339** Fotolia.com/Ludmila Baryshnikova; **340** Fotolia.com/Andrey Kuzmin; **342** Fotolia.com/evgenyi; **343** Fotolia.com/aopsan; **344** Fotolia.com/rashadashurov; **346** Fotolia.com/MassimoSaivezzo; **347** Fotolia.com/ilqarsm; **348** Fotolia.com/ra3rn.tif, Fotolia.com/rashadashurov; **350** Fotolia.com/MG1408, Fotolia.com/teerawat_camt, Fotolia.com/Oksana; **355** Fotolia.com/calmacanul; **357** Fotolia.com/brat82; **358** Fotolia.com/binik; **360** Fotolia.com/Fly_dragonfly; **361** Fotolia.com/Kudryashka; **363** Fotolia.com/Masson; **364** Fotolia.com/~Bitter~; **365** Fotolia.com/lestyan; **366** Fotolia.com/studiostoks; **367** Fotolia.com/denis_pc; **370** Fotolia.com/Lonely; **373** Fotolia.com/sundarananda; **376** Fotolia.com/BillionPhotos.com; **382** Fotolia.com/molowpoly; **383** Fotolia.com/karandaev; **386** Fotolia.com/macrovector; **387** Fotolia.com/olegdudko; **388** Fotolia.com/Constantinos; 389 Fotolia.com/archideaphoto

致谢

如果不是我坚持要把这些练习挤进这本书里，我本来可以有更多篇幅——感谢每一个人。现在我只能在这么短的一段话里，感谢所有的家人、朋友、员工、买书和卖书的人、渴望成为作家的人、写作训练营的学员、我的学生、桌游玩家，以及我生命中支持和鼓励我——或者至少是容忍我的创作习惯——的每一个人。

Rachel Randall，为本书的出版付出努力的团队以及F+W Media的整个团队，还有Jennifer Dechiara，你们太棒了！我们至少还要合作十年。

译后记

如果你拿到了《会写作的大脑》这本书，首先就会被它的“颜值”吸引。

写作不再是作业本或者电脑屏幕上令人望而生畏的一片空白，不再是正襟危坐、苦思冥想和枯燥的烦恼时刻，而是变成了一场调动你所有感官的游戏，你要运用你的视觉、听觉、嗅觉、味觉、触觉，你要大声疾呼，要手舞足蹈。那些在原来的写作中束缚你的规则和桎梏，会让位给想象力和创造性的迸发；那些对作品的自我怀疑和患得患失，会在游戏的乐趣中烟消云散。

在这本书中，你会用各种各样的工具写作：铅笔、钢笔、蜡笔、马克笔，或者橡皮。你会用各种各样的姿势写作：坐着、站着、躺着、用左手、用右手，甚至用脚。你会在各种各样的地方写作：家里、车上、教室、游乐场、度假村，或者你在想象中去到的任何地方。你还会变成各种各样不同的人，从在秘密日记中倾吐心事的15岁少女到未来空间站的宇航员，只要你愿意，你可以是任何人。一句话：你自由了！

这些练习让我想起童年玩过的文字游戏，有些是自娱自乐，有些是跟小伙伴一起创造的，有时候可能有点傻里傻气的。但它们让我觉得文字是那么有趣的东西，只要一支笔、一张纸，加上我们的想象力，世界就永远不会无聊。现在，你也可以开始体验这种乐趣了，几百个游戏，每天十分钟，跟文字尽情嬉戏吧。

从这些练习中，可能会诞生某篇评论、散文或短篇小说的雏形，经过适度的加工润色，就可以向报刊或出版社投稿。也可能结果只是一整页杂乱无章、不知所云的“乱码”，不过没关系，你不必把它拿给任何人看。所以，下笔时不需要有任何压力，想写什么就写什么，把这本书当成完全属于你自己的秘密花园，无论结果如何，你都会发现自己跟做练习之前不一样了，创意的火花在你头脑中燃烧，写作障碍和瓶颈被你抛到了脑后。

需要说明的是，原书的练习是基于英语写作设计的，包括了许多英语中有趣的文字游戏，无法用汉语直接表达。在翻译的过程中，对这类练习进行了相应的改编。举个最简单的例子，一种最常见的英语写作练习就是给出某个字母，要求使用以这个字母开头的单词；在中文版中，练习会要求你使用以这个字母为拼音首字母的汉字。对于有兴趣练习英语写作的读者，也可以简单地将规则置换回去，去寻找以某个字母开头的单词。你会发现，英语中所有妙趣横生的习语、方言、谐音和双关语，中文全都不遑多让，无论使用哪种语言，都不会减损写作的乐趣。

说了这么多，你是不是已经跃跃欲试了？还等什么，马上开始吧！

唐奇

推荐语

“邦妮·纽鲍尔的《会写作的大脑》中包含大量练习，帮助孩子们为想象力热身，清扫大脑中的积尘，同时提供了切合实际的建议和鼓励。”

——哈利·艾弗伦（Hallie Ephron）
《纽约时报》畅销书《晚安，睡个好觉》（*Night Night, Sleep Tight*）和埃德加奖提名作品《神秘小说创作和出版指南》（*Writing and Selling Your Mystery Novel*）的作者

“《会写作的大脑》是一座宝藏——从塑造人物、创作故事的超有趣练习，到克服写作障碍的奇思妙想。如果你遭遇了卡壳，如果你正要着手一部新作，或者如果你恰好需要灵光一现，这本书都能帮上忙！”

——雪莉·贝科斯基（Sheree Bykofsky）
文学经纪人，雪莉·贝科斯基联合公司创始人

“那些很难坚持每日练习和挤时间写作的人会发现，《会写作的大脑》是一个令人欣喜的解决方案。这本书提供了许多诱人的挑战，一年中的每一天都能激发创造力和故事灵感。”

——简·弗里德曼（Jane Friedman）
作家、教授

“邦妮·纽鲍尔的《会写作的大脑》充满了生动有趣、催生创意的说明和练习。每个练习都是一次难忘的冒险，点缀着恰到好处的幽默。”

——克里斯·邓迈尔（Chris Dunmire）
创意写作导师、奖励创意门户网站（www.creativity-portal.com）创办者

"很久没有读过这么令人欲罢不能的书了。无论何时你用它来突破瓶颈、强化练习或者寻找乐趣，它都能激发你的创造力，为你的写作过程增加乐趣。这本书也是送给小朋友的完美礼物！"

——詹娜·格拉泽（Jenna Glatzer）
畅销书作家，著有三十余部作品

"通常我对'写作练习'并不感兴趣——可能是因为它们看起来都一样。直到我看到邦妮·纽鲍尔这本书，然后想：嘿，看起来很有趣！对这本书，你不可能随便翻翻，完全不被吸引——而一旦你上钩了，就会一发而不可收。这本书对那些需要点燃或者重启写作灵感的人都是最完美的选择。"

——莫伊拉·艾伦（Moira Allen）
writing-world.com网站编辑，《自由作家入门指南》
(Starting Your Career as a Freelance Writer) 的作者

"如果你在写作时遇到了困难，你需要《会写作的大脑》。本书中的练习能帮助你点燃创意的火花，突破创作瓶颈。"

——约翰·克雷默（John Kremer）
《图书营销1001法》*(1001 Ways to Market Your Books)* 的作者

"你在开始写作时遇到过困难吗？以后不会了。拿起《会写作的大脑》，释放你内心的作家自我。这些充满创意、异想天开的日常练习能帮助你迅速进入状态，并且坚持写作。"

——巴德·加德纳（Bud Gardner）
作家，著有《作家心灵鸡汤》*(Chicken Soup for the Writer's Soul)* 等书

图书在版编目（CIP）数据

会写作的大脑．2，怪物大碰撞：修订版／（美）邦妮·纽鲍尔（Bonnie Neubauer）著；唐奇编译．-- 北京：中国人民大学出版社，2018.7
（创意写作书系）
书名原文：The Write-Brain Workbook Revised & Expanded 2
ISBN 978-7-300-25757-0

Ⅰ．①会… Ⅱ．①邦… ②唐… Ⅲ．①写作－青少年读物 Ⅳ．① H05—49

中国版本图书馆 CIP 数据核字（2018）第 087961 号

创意写作书系
会写作的大脑 2
怪物大碰撞（修订版）
［美］邦妮·纽鲍尔　著
唐奇　编译
Hui Xiezuo de Danao

出版发行	中国人民大学出版社		
社　　址	北京中关村大街 31 号	**邮政编码**	100080
电　　话	010－62511242（总编室）		010－62511770（质管部）
	010－82501766（邮购部）		010－62514148（门市部）
	010－62515195（发行公司）		010－62515275（盗版举报）
网　　址	http://www.crup.com.cn		
	http://www.ttrnet.com（人大教研网）		
经　　销	新华书店		
印　　刷	北京雅昌艺术印刷有限公司		
规　　格	210 mm×276 mm　大 16 开本	**版　　次**	2018 年 7 月第 1 版
印　　张	8	**印　　次**	2018 年 7 月第 1 次印刷
字　　数	57 000	**定　　价**	68.00 元